영업기술과 세일즈 리더십

| 김석찬 지음 |

The Sales Skills & Sales Leadership

도서출판 학산미디어

To: My Guru, Jayesh Shah with Respect

서문

2008년 첫 작품인 '기술영업의 비밀'이 출간한 이래 벌써 8년이 되었다. B2B 기술영업에 관한 책들이 드물다 보니 독자들로부터 과분한 성원과 호평을 받았다. 책이 절판된 후에 여러 경로로 책을 구하고 싶다는 요청도 많이 받았다. 이번에 새롭게 출간하는 '영업기술과 세일즈 리더십'은 첫 번째 책의 후속작이다. 진작에 출간했어야 하는데 본인의 부족과 게으름이라고 밖에 탓할 수 없다. 더 멋지게 다듬고 싶어서 더욱 시간이 걸렸다. 기술영업에 대해서는 앞으로도 한두 권 정도 책을 더 만들어 후배들에게 그 동안 쌓았던 노우하우들을 전수해 주고 싶다. 올해는 기술영업을 시작한지 30주년이 되는 해이어서 개인적으로 더욱 뜻이 깊다.

나는 행복한 사람이다. 30여년의 직장생활 동안 좋은 동료, 훌륭한 후배, 위대한 보스들을 만났기 때문이다. 그 뒤에는 여러 모습의 교사가 되었던 고객들이 있었다. 그분들의 이름을 일일이 다 여기 적지 못해 너무나 아쉽고 미안한 마음 금할 길 없다.

기술영업이 뭐가 뭔지 모르고 무작정 가방들고 뛰던 시절에 모셨던 피엘 술피스(Pierre Sulpice)가 나의 첫 번째 사부님이셨다. 기술영업이 무엇인지, 어떻게 팔아야 하는지를 명확하게 깨우쳐 주신 분이다. 나의 첫 저작인 "영업기술의 비밀"은 프랑스 술피스 사부님께 헌정된 책이다. 그는 위대한 스승이자 탁월한 세일즈 매니저였다.

세일즈에 관록이 붙고 제법 리더 흉내를 내던 시절에 만난 보스, 제이 샤(Jayesh Shah)는 리더로서 어떻게 해야 하는 지를 제대로 가르쳐 주었던 나의 구루(Guru)였다. 비록 멀리 떨어진 싱가포르의 아시아 본사에 근무하고 있었지만 한국에 있는 나에게 리더로서 어떻게 팀과 조직을 이끌어 가야 하는지를 깨우쳐 주신 분이다. 싱가포르에서, 중국에서, 일본에서, 한국에서 만날 때마다 끊임없이 나에게 영감을 불어 넣어 주셨다. 그에게서 리더십이 무엇인지 제대로 배웠다. 토종 영어를 구사하는 내가 외국계 회사의 아시아 태평양 지역 담당 부사장 직급까지 승진한 것도 그의 가르침 덕분이다. 그는 인도가 낳은 위대한 비즈니스 구루(Guru)이다.

첫 번째 졸저인 '영업기술의 비밀'은 발로 뛰며 직접 고객을 만나는 영업 직원들에게 초점을 맞춘 책이라면 두 번째 저작인 '영업기술과 세일즈 리더십'은 세일즈 엔지니어뿐 아니라 리더들에게도 도움이 되도록 했다. 고객들을 대응하는 기술 외에도, 팀원들인 영업 담당자들을 어떻게 이끌어야 강한 조직을 만들 수 있는지에 대한 기술을 담았다. 이 책의 대부분의 내용을 포함하여 영업직원들에게 도움이 되는 많은 내용들이 내가 운영하는 인터넷 블로그 http://hisfun.blog.me/와 카페 한국B2B영업기술원 http://cafe.naver.com/b2bsalesskill에 올려져 있다. 직접 방문하여 둘러보시면 많은 도움이 되리라고 믿는다.

원고를 탈고하기까지 기도로 지원해준 부모님과 건강을 챙겨준 사랑하는 아내와 늘 부족한 아빠를 응원해 주는 캐나다에 있는 두 아들에게도 감사를 표한다. 불비한 책을 아름답게 만들어 주신 도서출판 학산미디어 이덕선 님과 관계자들께도 감사를 드린다.

내가 이 자리까지 올 수 있었던 것은 졸저 '이삭의 우물'에서도 고백했지만 전적으로 하나님의 은혜이다. 하나님께 모든 영광을 돌린다.

이 책 '영업기술과 세일즈 리더십'을 나의 구루(Guru)인 제이 샤(Jayesh Shah)에게 최대의 존경심으로 헌정한다.

행복한 영업이 되시길(Happy Selling)!

2016. 10

안양 수리산 기슭에서

김석찬

Contents

I B2B영업 기술과 고객

II B2B영업 전략

III 세일즈 리더십

V 조직의 소통

I

B2B 영업 기술과 고객

1

좀비고객!

제품이나 서비스, 컨설팅을 구매하고 상응하는 대가를 지불하는 사람이 고객이다.

나의 제품이나 서비스에 대해 맛만 보고 다른 곳에 가서 구매하는 고객 같지만 진정한 고객이 아니다. 이런 고객을 나는 좀비고객이라고 부른다. 좀비고객이란 내가 만든 용어이다.

좀비고객은 가망고객(potential customer)의 범주에도 들지 않는다. 가망고객은 언젠가는 우리 고객이 될 수 있는 가능성을 가진 고객이다. 좀비고객은 그 가능성이 전혀 없다.

시간과 노력을 낭비시키는 이런 좀비고객을 구분해서 좀비고객에게 허비하는 우리의 사랑과 정성을 진정한 고객에게 제공할 수 있어야 영업 생산성이 높아질 것이고 매출과 이익이 동반 상승할 수 있다.

첫 번째 사례

어느 날 오전에 포항에 있는 모 회사라고 하면서 어떤 고객으로부터 전화가 왔다.

실로 상당한 양의 우리 제품을 구매하겠다는 것이다. 당시엔 보기 힘든 대규모 구매 건이었다. 당연히 눈이 휘둥그레질 수밖에, 지금 서울로 올라가니까 저녁에 좀 만났으면 좋겠다고 했다. 누구 명이라고 거스르겠는가? 저녁 먹고 혼자 사무실에서 늦게까지 설레는 마음으로 기다렸다.

그는 약속된 시간보다 훨씬 늦게 나타났다. 악수를 청하면서 늦어서 미안하다고, 올라오다가 고속버스(당시엔 고속버스를 타고 출장 다녔다) 타이어 펑크가 나서 늦었다는 거였다. 이렇게 늦게라도 우리 회사를 방문해 준 고객에 대해 감격한 나는 정말 고생 많으셨다는 위로의 말을 건네며 아무도 없는 사무실에서 그와 단둘이 상담을 시작했다.

원하는 제품의 모델 번호와 수량을 알려 주면서 견적을 받고 싶다고 했다.

당시로서는 꽤 많은 물량이었다. 그 지역에는 이 정도의 많은 물량을 구매할만한 공장이 없었다. 재차 확인하였다. 그는 확신에 가득 찬 음성으로 이미 자기들이 계약을 했고 우리가 견적만 주면 바로 발주하겠다고 했다. 그래도 사뭇 미심쩍어 했더니 계약서를 보여 주겠다고 했다. 잠시 기다리라고 하더니 내 앞에서 자신의 회사에 전화를 걸어 계약서를 찾아 팩스로 보내라고 하는 등 통화를 하였다. 통화 후 말하기를 담당직원은 퇴근했고 다른 직원이 어디 있는지 찾지 못하고 있는데 오늘은 너무 늦었으니 내일 중으로 보내주겠다고 했다.

나중에 알았다. 서울로 오는 고속버스 타이어가 펑크 나지도 않았다. 왜냐면 그는 이틀 전에 서울로 와 있었다. 발주서를 받았다는 말도 완전히 거짓말이었다. 그는 단지 우리의 가격을 조사하기 위해서 당사로 위장 잠입을 했던 것이다. 사무실에서 자기 회사 직원과의 통화 내용도 거짓이었다.

믿어지는가? 그 사람이 나에게 했던 말은 처음부터 끝까지 거짓말이었던 것이다.

좀비고객의 전설로 지금까지 전승되는 실화이다.

두 번째 사례

나른한 오후에 사무실로 전화가 왔다. 무척이나 다급한 목소리였다. 서울 마포에 있는 업체인데 제품의 번호와 수량을 알려주면서 빨리 전화로 견적을 달라는 것이다. 당시 내가 다니던 회사는 여의도에 있었으므로 '방문을 직접 드릴까요?' 했더니 그런 건 필요 없고 빨리 견적과 함께 회사 계좌번호를 알려 주면 바로 입금하겠다고 구두로 불러 달라고 한다. 가만히 앉아서 한 건 하는구나 싶어서 기쁜 마음에 견적 금액과 계좌 번호를 불러 주었다. 매우 고맙다고 하면서 바로 입금할 테니까 물건이나 잘 준비해 놓으라고 했다. 그는 오늘까지 연락이 없다.

세 번째 사례

정말 좋은 계장님이셨다. 인천에 있는 어느 자동차 부품 제작업체 정비담당으로 연세는 좀 많은 분이었고 방문할 때마다 따뜻하게 맞아주셨다. 영업을 갓 시작한 나를 싫어하는 내색도 하지 않으시고 차를 대접해 주시면서 최근의 업계동향이나 기술적인 내용을 물어보기도 하시고 또 본인이 알고 있는 사항을 자상하게 설명을 해주시는 분이었다. 당시에 그 업체를 방문하려면 버스 타고 인천공단에 내려 택시를 타고 가야 하는 매우 불편한 곳에 위치해 있었다. 그래도 그분만 만나면 따뜻하게 맞아 주시는 게 너무 고마워 여러 번 방문했었다. 큰 형님과 같았다고나 할까?

그 업체의 최고 핵심 설비가 하나 있었는데 이 설비의 성능 개선을 위해서 몇 번의 기술협의 후에 기술 제안서를 제출했다. 제안에 대한 타당성을 같이 협의하고 구매 요청을 하였다. 여러 번 만났는데도 전혀 제안서에 대한 진전이 없었다. 갈 때마다 좋은 얘기를 해주시는 건 좋은데 설비 성능 개선을 위한 행동을 취할 생각은 전혀 하지 않는 것이다. 성능 개선이 얼마나 중요한지 깊이 공감하시면서도 구매를 해야 한다는 이야기만 나오면 흐지부지되었다. 마침내 나가 떨어졌다. 내가 포기했다.

조심해야 한다. 이런 유의 좀비고객이 제일 무섭다. 밝은 표정으로 우리의 영업생산성을 야금야금 깎아 먹는 사례인 것이다.

당신이 영업리더라면 영업직원이 수주 단계에서 진도가 나가지 않아 끙끙대고 있을 때, 혹시 그 고객이 좀비고객인지 아닌지 판단해 줄 수 있어야 한다. 좀비고객이라고 판단되면 바로 영업활동을 중지시키고 다른 진정한 고객을 찾아 나서도록 지도해야 한다.

원 포인트 레슨 ▸▸▸ 기술영업을 처음 시작했을 때 좀비고객을 구별하는 눈이 전혀 없어 많은 시행착오를 했다. 위의 세 가지 사례는 모두 영업 초창기에 발생했던 일이다. 점점 경험이 쌓이면 시행착오를 줄여나갈 수 있다. 좀비고객은 여러분 주위 어디나 존재한다. 리더는 지금 영업직원이 만나고 있는 고객이 좀비인지 아닌지 잘 파악해 주어야 한다.

2

고객 같지 않은 고객

— 좀비고객을 판별하기 위한 3가지 비결

진짜 고객과 좀비고객을 구별해야 한다. 구별하는 비법이 있다.

첫 번째로 영업 단계 단계별로 매듭짓기(small closing)를 해보면 알 수 있다.

처음 담당자(gatekeeper)를 만나 기술 상담을 했으면 그가 과연 우리 기술이나 제품 서비스에 진정한 관심을 가지고 있는지를 확인하는 방법이 있다. 기술협의를 마치고 나면 고객에게 "그렇다면 이번 달 말까지 저희 제품을 구매하시겠습니까?" 혹은 "이번 주 금요일까지 생산부에 저희 제품을 구매하라고 지시하시겠습니까?" 또는 "본건에 대한 구매 품의서를 작성하여 20일까지 과장님께 승인 받을 수 있습니까?" 라고 확인을 해야 한다. 영업자들은 이런 확인 습관을 가지고 있어야 한다. 이를 작은 종결(small closing), 매듭짓기라고 한다.

원래 끝맺음(closing)은 모든 영업 단계가 끝난 후에 계약서에 도장 찍는 행위를 뜻하는 것이지만 우리와 같은 기술 영업은 상담 진행 단계가 여러 단계이고, 구매의 주체가 조직이어서 여러 부서와 많은 사람이 관련되므로 한 사람이 어떤 한 시점에 전격적으로 구매결정을 내릴 수는 없다. 단계마다 매듭짓기(small closing)를 고객에게 요청하여야 한다. 고객이 종결(closing) 요청에 OK한다고 해서 구매하는 것은 아니다. 일단 담당자가 그렇게 하겠다고 OK하면 그도 어느 정도 자신의 말에 책임을 질 것이므로 우리 편이 되는 것이다. 단계별로 계속 종결(closing)을 하다 보면 좀비고객인지 아닌지 점차 명확히 드러나게 된다.

매듭짓기(small closing)를 제안할 때에 언급해야 사항은 기한이다. 날짜를 언급하면서 구체적인 행위를 제안하며 매듭짓기를 시도해야 한다. 그래야 그 시간이 지난 후 자연스럽게 다시 확인할 수 있고, 고객도 본인의 입으로 언제까지 하겠다고 약속을 했으므로 좀 더 책임감을 가지게 된다. 매듭짓기에 응하여 실행을 하는 고객이라면 좀비가 아니다. 말로만 매듭짓기 하겠다고 하면서 실제로 행하지 않는다면 이건 좀비고객일 확률이 높다.

두 번째로 발을 빼보라(한발 빼기 전략, One Step Back)

매듭짓기 기법보다는 조금 난이도가 있는 기술이다.

프로젝트를 진행하기 위해 견적도 했고 담당자와 수 차례 기술미팅도 하고, 할 수 있는 건 다 한 것 같은데 전혀 수주에 진전이 없는 경우들이 있다. 이럴 땐 발을 빼보라. 한발 빼기 전략을 구사해 보면 좀비고객인지 아닌지 구분이 된다. 한발 빼기이다, 두발 다 빼버리고 집에 돌아오면 안 된다. 우리는 팔기 위해 존재하므로 단지 이 고객이 좀비인지 아닌지 구분하기 위해 살짝 한 발짝만 뒤로 빼기를 구사하는 전략이다.

"과장님, 지금까지 저희랑 세 번 정도 기술미팅을 했는데요, 저희가 드릴 수 있는 견적과 관련 실적자료와 설명은 다 드렸다고 생각합니다. 하지만 아직 특별한 진전이 없는 것을 보면 주위 상황이 쉽진 않은 것 같습니다. 나중에 필요하시면 연락 주시지요."

담당 고객에게 오더의 진전이 없는 것에 대하여 마치 책임을 추궁하듯이 한발을 뒤로 빼면 뒤통수 맞는 경우가 있다.

"과장님과 더 이상 기술협의를 진행 못하겠습니다. 전혀 구매에 대해 힘을 못 쓰시는 것 아닙니까?"

이런 과격한 표현보다는 "과장님은 저희를 열심히 도와 주셨는데 아마도 주위 여건이 구매를 하는데 좀 어려운 상황이라서 그런 것 같은데 더 이상 진전이 없는 것 같아 혹시 다음에 필요하시면 연락 주시지요." 라고 우회적으로 표현해야 한다.

발을 빼는데도 무덤덤하게 있다면 그건 좀비고객이다. 좀비고객이 아니고 진정한 고객이라 하더라도 무덤덤한 반응을 보인다면 고객도 어쩔 수 없는 상황에 놓여있다고 판단해야 한다. 아무리 우리가 발버둥 쳐도 더 진행되지 않는다는 뜻이다. 더 공들여봐야 소용없다. 빨리 좀비고객을 포기하고 진짜 고객을 찾아 나서는 편이 낫다.

그런데 이렇게 발을 빼면, “지금 내부적으론 검토 중입니다. 미안하지만 좀 더 기다려 주십시오.” 라거나 “사실 요즘 우리가 너무 바빠 검토할 시간이 없었습니다. 이번 달 말까지만 더 기다려 주십시오.” 라는 반응을 보인다면 진짜 고객이다. 이런 고객이라면 현재까지 우리가 고객에게 제공한 것 중에 무엇이 부족한지를 살펴보고 고객에게 좀 더 적극적으로 나가야 한다.

세 번째로 영업 행위라고도 볼 수 있는 일에 대한 적절한 비용을 청구하겠다고 하라

❶ 견적 작업에 대해 비용을 청구해 보라

대형 설비나 공사에 대한 영업을 하는 경우에 흔히 고객으로부터 사전 견적을 요청 받게 된다. 견적 행위란 영업의 가장 기초적이며 본질적인 행위이므로 어느 누구도 견적을 제출하면서 그 비용을 청구하는 일은 없을 것이다.

하지만 어떤 경우, 외국 본사 견적 팀에 견적을 요청하면, 인건비를 포함하여 얼마의 비용을 먼저 지불해야 견적작업이 가능하다는 경우가 있다. 우리나라에서는 상상을 못할 일이지만 다른 나라에서는 새로운 일이 아니다.

표준품이어서 견적 작업이 짧은 시간에 이루어질 수 있는 단순 작업이라면 굳이 이렇게까지 할 필요는 없겠지만 어느 정도의 시간을 요하는, 쉽게 계산할 수 없는 주문 제작을 해야 하는 견적이라면 견적을 제출하기 전에 고객에게 견적을 작성하는 데 일정 금액의 비용이 청구된다고 정중히 제안해보라.

신기하게도 진짜 고객과 좀비고객을 구분해 낼 수 있다. 진짜 고객 즉 우리 회사의 용역과 재화, 서비스를 이용할 의사가 진짜로 있는 고객이라면 불평을 하더라도 기꺼이 응할 것이다. 그렇지 않고 단지 참고용으로 견적을 요청하는 좀비고객은 금세 본색을 드러낸다. 단순히 들러리 세우려고 했다가 돈이 든다는 말을 들으면 화들짝 놀란다. 뭐 이런 회사가 다 있느냐고 하며 심하게 화를 낸다. 좀비일수록 진정한 고객인 것처럼 가장한다. 감히 고객에게 어떻게 이럴 수 있느냐고 호통 친다. 겁먹을 필요 없다. 좀비의 본색을 드러낸 것이다.

주의할 점은 우리의 진짜 고객을 좀비와 혼동하지 않기 위해서 이렇게 말해야 한다.

"본 견적 작업에는 100만원의 비용이 청구됩니다. 그러나 당사로부터 제품을 구매하시게 된다면 이 이 금액은 나중에 면제됩니다."

❷ 우리 제품을 구매하기 전에 현장 테스트 혹은 샘플을 제공할 필요할 때가 있다. 이때 샘플이나 테스트 비용을 청구하겠다고 해보라.

현장 테스트 단계까지 진척되었으면 꽤 진도가 나간 것이다. 상당한 수주 가능성이 보인다. 고객도 적극적이라면 샘플을 제공하여 현장에서 시험용으로 사용해 보거나, 장비 판매인 경우 파이롯트 장비를 이용한 현장 테스트를 마다할 이유가 없다. 하지만 여전히 우리는 이 고객이 진정한 고객인지 좀비인지를 구분해 내어야 한다.

비용을 청구하는 현장 테스트는 영업상 몇 가지 이점이 있다.

첫째는 고객의 진정한 구매의사를 확인할 수 있다.

구매할 의도가 없다면 비용까지 들여서 테스트를 해보려고 하지 않을 것이다. 진정으로 우리 기술과 제품에 관심이 있거나, 고객에게 기술적인 문제가 있어 꼭 해결하고 싶은 경우라면 기꺼이 테스트 비용을 지불하려고 한다. 좀비고객인지 아닌지 알 수 있는 시금석이다.

둘째로 담당자선에서 논의되던 프로젝트가 차상위 관리자에게 보고되어 공론화되는 장점이 있다. 왜냐하면 회사에서 비용을 지불하려면 상급자의 결재를 받아야 하므로 자연스럽게 관리자 또는 공장장까지 우리 프로젝트를 인식하게 된다. 일단 공론화되고 나면 담당자는 비용이 지급된 실험 결과를 윗선에 보고하여야 하므로 실험 과정에 지대한 관심을 나타낸다. 고객의 이런 관심은 구매 의사결정에 도움이 되며, 결과적으로 실험을 통해 실제 성능을 보여 줌으로써 반신반의하는 고객의 의사결정을 촉진할 수 있다.

실제로 현장 테스트를 하거나 샘플을 제공하게 되면 비용이 발생한다. 예상되는 발생 비용과 인건비를 고객에게 청구하는 것은 잘못된 제안이 아니다. 정말 구매 의사가 있는 고객이라면 진지하게 응할 것이다. 비용이 들면 필요 없다고 하는 고객, 이건 좀비고객이다. 본 설비를 구매하는 것에 비하면 현장 실험에 드는 비용은 극히 적다. 샘플비용은 영업하는 입장에서 무상으로 공급하여도 무방할 정도의 금액이다. 반대로 이러한 적은 비용조차도 지불치 않겠다는 고객이 어떻게 본 설비를 구매할 수 있겠는가? 비용을 내야 한다는 사실을 불쾌하게 여기는 고객이라면 마음속에 다른 뜻을 품고 있는 것이다. 구매하겠다는 의사는 없는 것이 확실하다.

현장 테스트가 필요하다면 얼마든지 고객에게 제시하라. 단 테스트에 대한 견적(인건비 포함하여)도 같이 제시하라. 단서를 달아라. 실험 후 테스트가 성공하면 본 설비를 구매하는 조건으로 하고 본 설비를 구매하면 실험 비용은 면제해 준다는 조건이다.

이 정도 해두면 정말 관심 있는 구매자는 적어도 실비 정도는 지불할 수 있다고 할 것이다. 인건비를 제외하고 실비만 청구할 수 있어도 위의 효과는 얻을 수 있다.

좀비고객에게 보낼 시간을 줄이면 줄일수록 진짜 고객을 제대로 모실 수 있다.

원 포인트 레슨 ▸▸▸ 좀비고객일수록 말로는 견적이 급하다고 난리를 친다. 좀비고객은 예산이랑 모든 게 다 준비되어 있으니까 견적만 주면 바로 구매하겠다고 큰소리친다. 속지 마라, 당황치 마라, 모두 좀비들이다. 위의 기법을 응용해 보라. 좀비는 다 사라진다.

3
고객이 원하는데요

프랑스 파리의 한 가게에서 어떤 미국인 관광객이 점원으로부터 매우 불쾌한 일을 당했다.

고객이 왕인데 이럴 수 있느냐고 항의했더니 '죄송하지만 이제 프랑스에는 왕이 없습니다.' 라고 답했다는 유머가 있다.

고객이 왕이라는 전통적인 생각은 지금도 여전히 유효하며 특히 일본이나 중국, 한국에서 이런 서비스 정신이 매우 강하다. 우리나라 항공사를 보면 정말 대단한 수준이다.

고객 만족이 얼마나 영업에 중요한지를 모르는 영업 직원은 없을 것이다. 어떻게 하는 것이 고객만족일까?

납품했던 우리 제품이 3년이 지나서야 아프리카의 해상의 현장에 설치가 된 후, 갑자기 고객으로부터 연락이 왔다. 현장에 설치된 장비에서 누유(漏油)가 발생한다는 것이다. 즉시 아프리카 현장으로 가서 당장 문제를 해결하라는 고객의 긴급요청이었다. 이 현장은 아프리카 바다 한 가운데 있는 곳이라 쉽사리 접근할 수 있는 곳이 아니었다.

연락을 받은 담당직원은 이 같은 사실을 보고하면서 아프리카에 출장을 다녀오겠다고 승인을 요청했다.

"왜 아프리카에 갑니까?"
"(고개를 갸웃거리며) 좀 전에 설명 드렸듯이 고객이 가라고 하니까요."
"고객이 가라고 하면 가야 하나요?"
"네. 지금 상황은 매우 긴급합니다. 만약 이 문제를 빨리 해결 못하면 현장의 전체 설비 운전에 차질이 생기므로 빨리 가야 합니다."
"왜 출장 갑니까?"
(다시 고개를 갸웃거리며 왜 똑같은 질문을 또 하느냐는 표정으로) "고객이 가라고 하니까요."

고객이 우리에게 출장 가라고 하는 것은 아프리카 여행을 다녀오라는 게 아니다. 문제를 해결해 달라는 것이다. 누유가 생기고 있으니 생기지 않게 조치를 해달라는 것이다. 아프리카에 가느냐 가지 않느냐는, 핵심이 아니다. 핵심은 누유문제를 해결하는 것이다.

문제를 해결하기 위해 가는 것이므로 문제가 무엇인지, 또 그 원인이 무엇인지, 해결방법은 있는지를 먼저 확인해야 한다.

"문제가 무엇입니까?"
"장비에서 누유가 발생하는 것입니다."

"어느 부위에서 누유가 발생하나요?"

"그건 잘 모르겠는데요, 내부에서 부식이 많이 발생되었다고 합니다."

어떤 문제인지 상세한 정보가 없었다. 문제도 모르면서 문제를 해결할 수 없다. 더구나 출장을 갈 수는 없다. 먼저 아프리카 현장과 직접 전화를 시도하여 문제가 무엇인지를 정확히 파악하도록 했고 이메일로 누유 부위에 대한 사진을 요청하도록 했다.

한편, 누유가 발생한 부품을 제조한 영국의 제조업체에 연락하여 원인 규명과 해결방안을 요구하였다. 제조사가 이 문제를 가장 잘 해결할 수 있기 때문이었다. 다른 한편으로, 장비를 제작한 외주업체의 임원과 담당자에게 이 사실을 알리고 즉시 아프리카 출장을 갈 수 있도록 조치해 달라고 했다.

원 포인트 레슨 ▸▸▸ 고객이 무엇을 원하는지를 모르면서 고객을 만족시킬 수는 없다.

4

고객이 진짜 원하는 것이 무엇인지를 알아야

중국 선종의 육대조인 혜능선사에게 이런 일화가 있다.

혜능선사는 글을 깨우치지 못한 일자무식으로 절에서 나무를 하여 아궁이에 불을 지피는 부목 출신이었다. 그의 오도송조차 직접 적은 것이 아니라 동자승을 시켜 적은 것으로 유명하다.

어떤 사람이 혜능에게 물었다. '글도 모르면서 진리는 어찌 알 수 있는가' 그는 답하기를 '진리는 하늘의 달과 같다. 글은 달을 가리키는 손가락이다. 달을 보는데 손가락을 볼 필요는 없다.'

이튿날 영국의 부품 공급업체로부터 사용 매뉴얼과 부식에 의한 문제를 해결할 수 있는 나름대로의 방안을 이메일로 받았다. 그들에게 서비스 엔지니어를 현장에 파견해 줄 것을 강력히 요청했다. 왜냐하면 문제를 해결할 수 있는 사람은 우리 직원이 아니라 그쪽의 서비스 엔지니어이기 때문이다.

영국업체는 당장 아프리카 현장으로 파견할 수 있는 서비스 엔지니어가 없다고 했다. 일단 보내준 자료에 의거하여 고객의 엔지니어가 현장에서 직접 문제 해결을 시도하도록 요청하였다. 효과가 있었다. 녹슨 부위를 닦아 내고 주어진 매뉴얼에 따라 다시 설치하여 저압에서 작동해 본 결과 누유가 발생하지 않았다는 것이다. 실제 사용 조건인 고압에서는 어떻게 될지 모르므로 공급업체가 직접 현장에 와야 한다는 고객의 연락을 받았다.

어느덧 문제가 발생한지 2주가 지나가고 있었다. 다시 우리 담당 직원과 미팅을 했다.

'이제 앞으로 어떻게 하면 되나요?'

'현장에서 수압 테스트를 해야 합니다.'

현장 엔지니어가 수압 테스트를 할 수는 없으므로 외주 제작 업체 직원과 함께 우리 직원이 현지로 출장을 가야한다.

'우리가 아프리카로 출장을 가면 비용은 누가 부담합니까?'

'최종 원인 규명이 되고 나면 원인자 측에서 부담합니다.'

'우리 책임은 있나요?'

'현재로서는 외주 제작업체의 책임으로 판단되고 우리 책임은 없습니다.'

최종적으로 현장 테스트를 위해서 외주 업체의 품질관리 담당과 장과 우리 직원을 현장에 파견하기로 결정하였다. 말라리아 예방접종까지 받았다. 비행기 티켓까지 구매한 후 출국날짜를 기다리고 있는데 아프리카 현장의 고객으로부터 이메일이 왔다.

"최종 테스트를 자체적으로 해본 결과 문제없음. 출장은 유보할 것."

문제가 생기면 문제를 해결하는 데 초점을 맞추어야 한다.

우리는 봐야 할 달은 못보고 손가락만 가지고 헤매는 경향이 있다. 아프리카 출장에 대한 고객의 요구가 손가락이라면 누유를 해결하는 방안은 달이다.

고객의 생각에는 현장에 우리 직원이 직접가야 문제를 해결할 수 있다고 믿었으므로 우리 직원에게 아프리카로 가달라고 했던 것이다. 나의 판단은 달랐다. 우리가 간다고 해서 문제가 해결되는 것이 아니라 먼저 해당 부품의 메이커로부터 정보를 받고, 외주업체의 품질관리 직원들과의 회의를 통해 원인 규명을 해야 정확한 해결 방안이 나온다고 보았던 것이다.

아프리카 현지에 갔지만 문제를 해결 못하면 고객이 만족해할까? 아프리카가 문제가 아니고 누유문제를 해결해야 고객이 만족하는 것이다.

원 포인트 레슨 ▸▸▸ 고객이 원하는 대로 해 준다고 고객이 행복해 할까? 그렇지 않다. 고객이 진정으로 원하는 것이 무엇인지를 파악해야 하고 그것을 충족시켜 주어야 한다. 고객만족의 방법을 제시하는 것 또한 기술영업자의 임무이기도 하다.

5
회사소개에 전설을 입혀라

B2B영업을 하는 분야는 기업고객을 대상으로 영업을 하는 것이라 어지간한 규모의 회사가 아니고는 상대적으로 광고와 마케팅 및 홍보 기능이 약하다. 산업재를 판매하므로 일반 소비자를 대상으로 소비자 마케팅을 할 경우는 거의 없다. TV나 신문 혹은 인터넷, 하다못해 옥외 광고도 거의 하지 않는다. 혹 있더라도 기업이미지 광고가 대부분이다.

여러분이 처음으로 어떤 고객을 만났다. 그가 구매부 직원이던 현장 직원이던 아니면 고객회사의 본부장이든 상관없다. 그분이 당신에게 이렇게 말한다. "처음 듣는 회사인데요~, 뭐 하는 회사입니까?"

여러분은 이제 처음 만난 중요한 고객에게 여러분의 회사를 설명해야 한다. 어떻게 자신의 회사와 영업하는 아이템을 설명하겠는가?

가장 일반적인 대답은 이것이다.

"우리 회사 ○○○은 19××에 설립되었고 본사는 AA에 소재하고 있으며 직원은 BB명이고 CC 분야에 세계최고의 기술을 가지고 있는 회사입니다."

여러분이 고객이라고 치고 영업직원으로부터 이런 설명을 듣는다면 가슴이 벌렁벌렁해 지면서 이 회사 제품을 꼭 사서 사용해 보아야겠다는 흥분과 설렘, 열망이 솟구치는가? 아니면 그런 저런 회사 중의 하나라고 가볍게 여기게 되는가?

우리 회사를 소개할 때, 이처럼 공식적인 자료만을 가지고 소개하면 뭔가 부족하다. 거기에 우리의 전설을 입혀야 한다. 스토리텔링(Story Telling)이다.

"과장님이 지구상에 가장 큰 비행기에 탑승해서 출장을 가신다면 숨쉬는 것만큼은 안심해도 좋습니다. 그 비행기의 기내 공기제어 시스템이 저희 제품이 들어가 있기 때문입니다. 무려 3년 동안 북극보다 더 추운 곳에서, 적도보다 더 더운 조건에서 테스트를 다 거쳐서 당당히 1등 품질로 인정받은 제품입니다."

"말도 많고 탈도 많았던 4대강 사업, 만약 보의 수문이 제대로 여닫히지 않으면 얼마나 큰 문제를 유발하겠습니까, 그 부분만큼은 안심하셔도 좋습니다. 최고의 기술을 가진 우리 실린더와 수문제어 장치가 거기 들어가 있습니다. 지금까지 한번도 고장 나지 않고 자동으로 철저히 제어되고 있습니다."

이렇게 설명한 후에 회사의 일반적인 사항을 덧붙이면 된다. 100

퍼센트 사실일 필요는 없다. 애교스런 약간의 과장은 허용된다. 그래서 전설이라고 하는 것이다. 여러분의 영업아이템이 적용된, 역사를 만들었던 기념할만한 사용처를 찾아서 거기에 전설의 이야기를 입혀야 한다. 그 이야기를 듣는 고객들의 가슴이 흥분하도록 만들어 주어야 한다. “야! 나도 한번 사용해 보고 싶다.” 라는 생각이 들도록 만들어 주어야 한다.

우리의 뇌리에 아직도 남아있는 전설적인 소비자 마케팅 광고 카피를 떠올려 보자.

- 클래런스 챔벌린, 린드버그보다 2주 늦게 대서양 횡단에 성공 — 하지만 2등은 기억되지 않는다. (삼성 기업PR)
- 여보, 아버님 댁에 보일러 놓아드려야겠어요. (경동보일러)
- 순간의 선택이 십 년을 좌우합니다. (LG 전자)
- Just do it (나이키)

산업재 마케팅에서도 이런 전설 같은 광고 카피를 준비해서 고객에게 세미나를 하거나 회사를 소개하는 자리에는 언제나 공식적인 자료만 가지고 설명하지 말고 전설을 가지고 감성적으로 다가가 보라는 것이다.

원 포인트 레슨 ▸▸▸ 여러분의 고유의 이야기를 가지고 전설을 한번 만들어보라. 듣는 고객의 가슴이 벌렁벌렁해지고 무한한 존경을 발하게 되는 전설을 만들어보면 여러분도 어느덧 그 전설에 스르르 빠져들 것이다.

6
고객이 나를 만나야 할 이유가 있는가

첫 번째 저서 '영업기술의 비밀'에서도 언급하고 강조했지만 나가면 있고 안 나가면 없다는 원칙하에 기술영업을 하는 분들은 고객을 만나러 나가야 한다.

고객과 면담을 하기 전에 필연적으로 따르는 절차로서 사전에 방문예약을 한다.

생산부와 미팅을 끝내고 특별한 목적이 없이 업체를 방문한 김에 옆에 부서의 기술부의 친한 과장을 만나 인사나 하고 잠시 잡담하러 가는 것이라면 별도의 약속이 필요하지 않겠지만, 적어도 고객을 방문하여 기술상담을 하려면 사전에 약속을 잡아야 한다. 요새는 많은 업체들이 사전에 예약되지 않는 방문은 면회실 통과도 할 수 없으므로 사전 예약이 필수이다.

일단 전화를 건다. 사전에 이미 아는 사람이든 모르는 사람이든 일단 전화를 걸어야 한다. 개인적으로도 친분이 있고 계속 거래하는 고객이며 서로 잘 아는 경우는 쉽게 방문 약속을 잡을 수 있을 것이다. 그 부분은 여기서 빼고, 개인적인 친분은 전혀 없고, 잠재적인 고객이라 전혀 모르는 사람이라면 어떻게 고객과 면담 약속을 잡아야 할까.

사실 누구인지도 모르는 고객에게 처음 전화를 할 때는 심리적으로 좀 위축되고 주저하는 경향이 있는데 우리는 이런 정도에 멘탈이 흔들리면 안 된다.

다음 네 단계로 하면 된다.

먼저 본인을 간단히 소개한 후,

두 번째 어떻게 상대방을 알게 되었는지 간단히 설명하고, 우리 아이템을 담당하는 사람이 아니면 관련 직원을 바꾸어 달라고 해야 한다.

세 번째 방문 목적을 말한 후,

네 번째 방문 일정을 잡는다.

본인 소개도 중요한데 내가 어디 소속이며 어떤 일을 하는 사람이란 걸 간단명료하게 표현하면서 전화 수화자를 알게 된 경로가 다양할 터인데, 어떻게 알게 되었는지를 간결하게 설명해 주면 고객의 경계심이 풀리게 된다. 요즘 하도 스팸전화가 많아서 이 절차가 중요하다.

제일 중요한 것이 방문 목적인데, 내가 왜 상대방을 만나야 하는지가 방문 목적이 되어서는 안 된다. 내가 왜 이 고객을 만나야 하는 지를 설명하는 것이 아니라, 고객이 왜 나를 만나야 하는지를 설명해 주어야 한다. 다시 한번 반복하면 고객이 왜 나를 만나야 하는 이유를 설명해 주어야 한다.

잠재 고객 혹은 가망고객에게 방문 약속을 잡기 위해 전화를 걸기 전에 먼저 스스로에게 물어보아야 한다. 이 고객이 왜 나와 통화를 해야만 하며 왜 나를 만나야 하는가를 먼저 정리해야 한다. 고객이 자신의 시간을 소비하면서 나를 만나줄 정도의 가치가 있는 미팅인가에 대한 답을 찾아야 한다.

내가 이 고객을 만나야 하는 이유를 주절주절 늘어놓는다면 고객은 판단할 것이다. 만날 필요나 가치가 있는지 없는지, 만약 그리 가치있는 이유를 발견하지 못한다면 정중히 여러분의 세일즈 방문(sales call)을 거절할 것이다. 여러 가지 멋있는 핑계를 대면서 말이다.

이것은 여러분의 방문의 질을 높이는 데 매우 중요하다. 사전에 잠재고객 혹은 가망고객에 대해 공부를 할 필요가 여기에 있다. 아무리 생각을 해봐도 고객이 나를 만나야 할 이유를 발견하지 못하겠다면, 미안하지만 이건 처음부터 잘못된 것이므로 여러분이 취급하는 아이템 공부를 다시 해야 한다. 왜 고객이 우리 제품을 사용해야 하는지부터 공부를 해야 한다.

원 포인트 레슨 ▸▸▸ 내가 좋아하는 말, 승리는 준비를 사랑한다. Victory loves preparation.

7

고객이 우리 제품을 구매하는 20가지 숨겨진 이유

프로젝트 수주를 수행하다 보면 프로젝트 별로 수주를 할 수 있는 핵심 포인트가 다 다르다.

- 어떤 때는 가격이 될 수도 있다. 많은 경우가 그렇다.
- 하지만 어떤 경우는 가격은 높아도 고객과의 인간관계 때문에 수주를 하는 경우도 있다.
- 경쟁업체의 가격이 싸더라도 그들의 재무상태가 부실하여 고객의 평가기준에 맞질 않아 제외되는 경우도 있다.
- 경쟁업체의 납기가 지나치게 길어서 우리가 수주하는 경우도 있다.
- 평소에 AS를 제대로 해온 점이 부각되어 수주하기도 한다.
- 다른 업체와 전략적 제휴를 하여 수주를 한 적도 있었고,
- 품질을 이슈화하여, 경쟁업체가 보증한다는 품질이 얼마나 허구인지를 입증하여 경쟁업체를 최종 선정과정에서 탈락시키고 수주한 적도 있다.
- 때론 기술 라이센스 업체의 지원으로 수주를 하기도 한다. 고객

이 가격문제로 다른 업체를 선정하려고 해도 기술 라이센스 업체가 우리를 강력히 추천함으로 수주를 하는 경우도 있다.

- 구매부에서는 우리를 별로라고 생각하여 계약을 하지 않으려 했는데 최종 사용부서에서 우리를 강력히 밀어 주어서 수주를 하기도 한다.
- 반대로 현장에서는 우리를 밀어 주지 않고 경쟁업체를 밀어주지만 구매부에서 우리를 찍어서 발주를 주는 경우도 있다.
- 지난번에 탈락한 부분을 보상해 주는 차원에서 새로운 발주를 주기도 한다.
- 우리의 재고가 있어서 바로 납품이 가능한 경우도 있다.
- 설비 메이커에서 우리를 지정하였기 때문에 가만히 앉아서 수주한 적도 있다.

이처럼 영업의 핵심은 다양하다. 우리와 고객과의 관계에서만 영업 포인트가 발생하는 것이 아니다. 아래를 보라

- 고객 회사의 성향
- 구매부서의 분위기
- 구매부서와 기술부서의 정치적 역학관계
- 구매부서와 기술부서뿐 아니라 최종 사용부서의 담당자들 간에 인간관계도 영업 포인트에 영향을 미친다.
- 기술 라이센서가 있으면 그쪽의 영향력은 얼마나 되는지 살펴보아야 한다.
- 고객의 고객이 요구하는 제품의 품질기준이 결정적인 구매의 요인이 될 수도 있다.

• 고객의 본사에서 우리 것을 무조건 사용하라고 해서 수주한 적도 있다.

이것뿐 아니다. 누가 우리 경쟁업체인지, 그들이 가격을 위주로 하는 업체인지, 아니면 품질을 위주로 하는 업체인지에 따라 또 경쟁업체가 하나인지 아니면 여럿인지에 따라서도 영업 포인트가 달라진다.

영업, 쉽지 않다.

어떤 건을 반드시 수주해야겠다고 결심하면 전략 협의를 하면서 큰 그림(big picture)을 그려보는 습관을 가져보자. 영업이 쉽진 않지만 그렇다고 어려운 건 아니다. 영업 포인트는 위에 다 적어 놓았다. 현재 상황에서 무엇이 핵심적인 요소인지만 찾아내면 된다. 한 번에 감이 안 오면, 아닌 것부터 하나씩 지우기를 하면 된다. 제일 나중에 남는 것 두세 개 중에 하나가 영업 포인트가 된다. 집중적으로 그 부분을 공략해 보자. 수주 가능성이 껑충 높아진다.

행복한 영업(Happy Selling)!!

원 포인트 레슨 ▸▸▸ 가격이 전부가 아니다.

8
악성 부채 제로를 위한 6가지 방법

악성 부채란 매출이 발생하여 세금계산서가 발급되었으나 고객의 사정에 의해 수금을 하지 못하는 거래 건을 의미한다. 수금은 흔히 영업의 꽃, 영업의 마무리라고 한다. 아무리 많은 수주를 해도 거래처가 부도를 맞거나 혹은 재정이 어려워 수금이 미뤄진다면 이보다 더 황당한 일은 없다. 수금을 못하는 일이 생기면 회사에는 정말 큰 손해이다. 판매이익이 줄어드는 정도가 아니라 원금까지 날려 보내는 것이므로 이런 일이 없도록 해야 한다. 수금에 대한 책임이 영업부서에 있는 경우도 있고 별도의 조직, 즉 고객서비스(Customer Service)부서에서 수금을 관리하는 경우도 있다. 어떤 경우든 영업부의 책임이므로 영업 리더는 수금 순간까지 크게 유의해야 한다.

먼저 고객을 구별해야 한다.

고객을 우리 자체 기준으로 A, B, C, D, E그룹으로 대 분류한다.

대 분류의 기준은 우리 회사와의 거래 금액기준이다. 예를 들면 연간 10억 이상 거래하는 업체라면 A 그룹, 연간 1억 이상 10억 미만 거래하는 고객이라면 B, 1억 이하라면 C로 구분하고, D와 E는 거래 금액과 상관없이 D는 대리점으로 E는 중간상(middleman), 딜러(dealer) 또는 상회(reseller)와 같은 업체로 분류한다.

중간상이나 딜러, 상회는 비슷한 업무적 속성을 갖지만 대리점과 다른 점은, 대리점은 사전에 대리점 계약서를 작성하고 담보물이나 보증금을 예치한 후에 정해진 결제 조건과 한도에 따라 물건을 가져가되 반드시 재고를 유지하는 조건이 있다. 대리점은 우리 제품의 판매 촉진을 위해 직원을 고용하여야 하며 실질적인 영업행위를 본사를 대신하여 해야 한다. 고객을 만나서 수요를 창출해야 하는 의무가 있다. 대리점 가격은 딜러나 상회에 주는 가격보다는 저렴하게 설정된다.

중간상(middleman)이나 딜러(dealer)나 상회(reseller)는 재고를 유지해야 할 의무가 없다. 본인들의 의사에 따라 결정된다. 대리점은 우리 제품만 취급하고 동종 경쟁제품은 취급하지 않도록 계약서에 명기하지만 상회(reseller)는 그런 의무 없이 우리 제품과 경쟁업체 제품 모두를 판매한다. 상회는 주기적으로 방문하여 신제품이 나오면 설명도 해주면서 관리를 해주는 것이 필요하다.

비록 우리 매출기준으로 ABC를 구분하였지만 대기업으로 상장사이거나 또는 중견기업, 개인기업인지에 따라 ABC는 바뀔 수 있고, 해당 년도에 매출액이 적다 하더라도 앞으로 매출이 늘어날 잠재력이 높은 회사라면 이를 반영하여 ABC를 구분한다. 영업부에서 1차로 이 분류를 제시하도록 하고 재무 부서장과 사장이 직접 분류안을 검토 승인하도록 한다.

두 번째, A, B, C, D, E로 분류한 후 각 그룹간에는 표준 결제 조건을 달리 설정한다

A그룹이나 B그룹에 해당되는 상장회사나 이에 준하는 대기업을 포함하여 대개 고객들은 자신들이 정하는 결제 조건이 있다. 이 결제 조건이 불변의 조건이라고 생각할 필요는 없다. 무엇이든지 협상이 가능하다. 당사의 원하는 지불조건을 얘기하고 조건을 좀 더 유리하게 해줄 수 없느냐고 계약 전에 당당히 말해도 된다. 더구나 중견기업 규모의 고객이라면 우리의 표준 결제 조건을 당당히 요구해야 한다. 무조건 고객 결제 조건에 따른다는 말을 견적서에 명기하면 안 된다.

60일 결제 조건에서 30일 결제 조건으로 바꾸기만 해도 위험도는 낮아지고 얼마의 이자 혜택도 있다. 결제 조건을 따져야 한다.

세 번째로 C그룹의 고객이나 중, 소규모의 고객에게는 현금으로 팔아야 한다

이건 무조건이다.

현금을 제외한 다른 어떤 지불조건을 제시하더라도 응낙해서는 안 된다. 단 현금으로 입금 받고, 후에 물건을 출고해야 한다. 현금 입금이 먼저다. 고객에게 이렇게 요청하면, 거꾸로 우리를 어떻게 믿고 송금해 줄 수 있느냐고 반문하며 그렇게 못하겠다는 경우도 있다.

이런 업체는 우리가 직접 판매하지 않는 것이 좋다. 대신에 해당 지역의 영업을 담당하는 대리점을 소개시켜준다. 이들이 대리점에서 구매하도록 하고 대리점은 본사와 사전에 약정된 조건으로 거래를 하면 채권 회수의 위험을 회피할 수 있다. 즉 C그룹에 속하는 고객은 무조건 현금 결제로만 거래를 하고 현금결제를 거부하는 고객은 대리점에서 관리하도록 한다.

네 번째로 대리점 관리가 철저해야 한다

대리점 사장의 개인적인 문제로 인해 부도를 내는 경우가 없지 않다. 사업이 잘된다고 해서 부도날 위험이 없는 것은 아니다. 지속적으로, 주기적으로 대리점의 재정상태를 본사 재무팀에서 관심을 가지고 점검해야 하며 영업팀에서는 대리점의 영업 행위를 지원하고 감독하여야 한다. 영업직원들은 재무 지식이 부족하므로 본사의 재무팀이 직간접으로 관여하여야 한다. 대리점 계약서에 이런 부분을 명시하여야 하며, 재무정보 제공을 거부하는 대리점은 대리점이 되어서는 안 된다. 지금까지 대리점이 부도나는 경우를 여러 번 보았기 때문에 대리점 관리가 매우 중요하다는 점을 강조하고 싶다.

다섯째로 모든 고객에 대하여 자체 신용한도를 설정하여야 한다

신용한도는 A, B, C, D, E 그룹에 따라 달리 하지만 반드시 자체 신용한도를 설정하여야 한다.

설정한 신용한도는 1년 동안 유효한 것으로 내부적으로 정하고 당기에 발생하는 모든 신용거래에 대해 엄격히 적용한다. 사업기수가 바뀌면 영업부서의 건의를 받아 새롭게 수정하도록 한다. 내부적으로 정한 신용한도를 초과하는 발주건에 대해서는 재무책임자와 사장까지 이를 심의하여 승인 여부를 결정하여야 한다. 오랫동안 거래해온 대리점이라 하더라도 신용한도를 초과하여 물건이 납품되어서는 안 된다. 미수금이 입금된 후에 새로운 신용이 창출되도록 하여야 한다. 이 부분을 얼마나 엄격하게 통제하느냐가 악성부채 예방의 가장 중요한 점이다.

여섯째로 신규거래 고객은 신용정보를 반드시 조사한다

요즘은 회사의 신용정보나 재정 상태를 조사해 주는 서비스를 제공하는 신용정보회사들이 있다. 이런 서비스를 이용하여 신규로 거래를 시작하는 회사인 경우 재무 상태를 확인 의뢰하여 문제가 있는지 없는지 확인하고 거래를 해야 한다. 이런 조사는 고객과는 직접적인 상관없이 할 수 있으므로 반드시 해야 한다. 고객의 재무상태에 따라 고객에게 부여하는 신용한도와 우리의 결제 조건을 달리해야 한다.

영업관리의 기본조건이지만 아무에게나 팔아서는 안 된다.

고객이 물건을 달란다고 갖다 주면 안 된다. 엄격한 기준을 설정하고 기준에 맞지 않으면 팔지 않아야 한다. 적어도 상장회사나 이에 준하는 회사를 대상으로 거래를 시작해야 한다. 복에 겨운 소리라고 하겠지만 수금 못하고 돈 떼이는 것보다 낫다.

원 포인트 레슨 ▸▸▸ 일단 물건을 보내고 나면 무조건 우리 책임이다. 물건 보내기 전에 수금에 대해 반드시 검토하라. 조금이라도 의심스러우면 수주 받기 전에 경리재무팀과 협의하라. 그들이 우리보다 이런 일엔 전문가다.

9

우리 제품의 기술적 마케팅 포지션

Technical Marketing Position, TMP

기술적 마케팅 포지션(Technical Marketing Position, TMP)이란 말은 고객이 왜 우리 제품을 구매하는 지를 설명하는 것으로 우리 제품이 기술적인 측면과 가격적인 측면에서 어느 정도의 경쟁력을 갖추고 있는지를 설명하는 말이다.

제품 중에는 품질은 뛰어나지만 가격이 지나치게 비싼 것이 있다. 품질도 뛰어나지만 가격은 품질대비 합리적으로 보이는 제품도 있다. 그런가 하면 품질에 비해 가격이 낮은 제품도 있고 품질도 낮고 가격도 낮은 제품들이 있다.

승용차에 비유하면 어느 차든 바퀴 네 개가 굴러가는 것이야 똑같고, 핸들이 달려 있고 다섯 명 승차정원도 같지만, 벤틀리나 메르세데스 벤츠와 같은 고급차도 있고 저렴한 경차도 있지 않은가. 내가 핸들링하는 제품이 어떤 군에 속하느냐에 따라 영업 방법도 달라진다.

메르세데스 벤츠를 판매하는 직원이 대학교 앞에 가서 학생들에게 팸플릿을 나눠주며 영업하지는 않을 것이다. 같은 이유로 경차를 파는 영업사원이 대기업 회장 명단이나 은행의 VIP고객 명단을 힘들게 입수하여 팸플릿을 보내진 않을 것이다.

어떤 직원이 전직을 하게 되었다.

그가 전에 근무하던 회사에서는 고객으로부터 견적요청을 받은 후 견적을 제출하면 거의 대부분 수주를 했었다. 70% 이상의 성공률을 보였다. 경력사원으로 입사한 이 직원은 고객의 견적요청을 접수하여 견적을 준비하였다. 당연히 수주할 것으로 믿었지만 현실은 그렇지 않았다. 실패였다. 다시 다른 견적요청서에 도전하였다. 또 실패였다. 수주 성공률은 10% 이하였다. 왜 그랬을까?

전에 근무했던 회사의 제품은 가격 경쟁력이 매우 높았다. 유사제품에 비해 품질은 비슷하면서도 가격은 훨씬 낮았던 것이다. 힘들이지 않고 수주를 할 수 있었다. 새로운 회사에서 판매하는 제품은 품질은 최고였지만 가격도 최고로 비쌌던 것이다. 그러므로 영업 전략이 달라야 한다.

우리 제품은 가격경쟁력이 더 강한지 품질 경쟁력이 더 강한지를 잘 살펴야 한다.

가격 경쟁력이 강하다면 가능한 가격을 더 낮출 수 있도록 모든 방법을 강구해야 한다.

불필요한 고객 방문은 줄이고 간접비용을 없애 나가야 한다. 직접 고객을 방문하는 방식보다는 간접적으로 고객을 가능한 많이 접축하여 회사의 이름을 알리는 것이 더 효과적이다. 전시회를 이용하여 가능한 많은 고객을 만나 자료를 뿌려 두는 게 좋다. 대리점망을 활용하는 것도 좋다.

품질이나 기술 경쟁력이 강하다면 직접 판매비를 더 증액해야 한다. 효과적인 고객 방문을 위해 가장 적합한 시장경로(route to market)를 연구해야 한다. 기술지원 부서를 두어서 기술 서비스를 강화해야 한다. 사후관리도 철저히 하는 시스템을 구비해야 한다. 고객을 표면적으로 만나기보다는 일대일로 심층적인 만남이 될 수 있도록 해야 한다. 기술의 차별화로 가치를 입증하여 고객을 설득하려면 짧은 시간으로는 불가능하다. 가격이 비싼만큼 제 값을 한다는 것을 보여주어야 한다.

원 포인트 레슨 ▸▸▸ 기술적 마케팅 포지션(Technical Marketing Position, TMP)에 맞는 마케팅 전략을 수립해야 성공할 수 있다. 가격 경쟁력과 품질 경쟁력 중 어느 것이 더 우위에 있는지에 따라 전략이 달라진다.

10
기술영업의 꽃
— 플랜트 프로젝트

국내 한 플랜트 건설 엔지니어링 사로부터 아프리카의 대형 플랜트 프로젝트와 관련하여 견적요청을 받았다. 우리 회사는 공급업체 명단(vendor list)에 들어가 있지 않지만 이 고객과는 늘 거래하는 회사여서 견적요청서(RFQ, Request For Quotation)를 받을 수 있었다. 견적을 작성해 보니 다섯 건의 견적요청서를 합하니 25억의 견적이 산출되었다.

플랜트 프로젝트를 처음으로 접하는 분을 위해 대형 프로젝트의 수주 절차와 기본 용어를 간단히 소개하면 다음과 같다.

플랜트 프로젝트(plant project)라고 하면 예를 들어 발전 설비, 해상 유전 탐사 설비, 대형 정유공장, 화학공장과 같은 공장을 건설하는 것으로 일반 토목, 건축 프로젝트와는 구별된다.

플랜트 프로젝트는 토목건축 기술을 포함하여 공장을 건설하는 매우 복잡하고 어려운 기술을 가지고 있어야 하는데 미국이나 일본, 유럽의 회사들이 이 시장을 장악하고 있다. 최근에는 우리나라 플랜트 엔지니어링 회사들도 세계적인 경쟁력을 갖추어 가고 있다.

프로젝트 오너(project owner)가 있다. 오너(owner)는 대형 프로젝트를 발주하는 발주처이다. 이들은 본인들의 자금을 가지고 공장을 건설하기도 하지만 대부분 대규모로 자금조달(funding)을 금융권으로부터 일으켜서 공장을 짓는다. 프로젝트가 한참 진행되다가도 자금조달(funding)에 문제가 생겨 프로젝트가 중단되는 경우가 허다하다.

오너(owner)는 최종 사용자(end user)인데 이들은 설비를 운전할 줄은 알지만 건설하는 방법은 모르기 때문에 초기 플랜트 기본 설계를 수립하기 위해 전문 업체에 의뢰한다. 이런 업체를 FEED(Front End Engineering Design)라고 부른다. FEED단계를 맡은 업체들은 특별히 인증된 생산 공정을 가지고 있는 라이센서(Licensor)를 선정하는 경우가 많다. 라이센서란 어떤 제품을 생산하는 독특한 공정 기술을 가지고 있는 회사를 말한다. 생산하는 공정이 범용 기술인 경우 라이센서가 없는 경우도 있다.

다음 단계로 오너는 공장을 건설하는 설비 건설업체를 선정하게 되는데 이러한 설비 건설업체를 가리켜 플랜트 엔지니어링 업체라고 한다. 국내에는 삼성엔지니어링, 현대건설, SK건설, GS건설, 대림산업 등 여러 업체들이 있다. 설계와 건설을 별도로 발주하는 경우도 있지만 요즘은 다 같이 맡기는 경우가 많다. 발주처에서 플랜트 엔지니어링 업체를 선정할 때는 대개 국제입찰에 부치게 된다. 그러면 세계의 유수한 엔지니어링 업체들이 서로 경쟁하게 되는데 앞서 설명한 바와 같이 한국의 업체들이 우수한 기술 및 가격 경쟁력을 갖추고 있어 많이 수주하게 된다. 그 이면엔 치열한 경쟁으로 인한 저가수주라는 오명을 쓰고, 수주 후에는 적자 때문에 고전을 많이 하고 있다.

우리나라에서는 흔히 약칭해서 엔지니어링 업체라고 부르고, 영어로는 EPC(Engineering, Procurement, Construction)업체라고 부르기도 한다. 이들을 관리 감독하는 업무를 포함하여 프로젝트 전 과정을 발주자를 대신해서 관리해 주는 회사를 PMC(Project Management Consultancy)라고 한다. PMC를 EPC가 겸하는 경우도 있다.

우리 같은 기술영업을 하는 업체들이 어떻게 관여되는지 살펴보자.

공장을 지으려면 수많은 전문 장비와 설비, 부품 공급업체, 토목, 건설업체들이 관련된다.

건설을 담당하는 엔지니어링 업체들이 프로젝트 발주자로부터 수주를 하기 위해서는 입찰에 참가해야 하고 이를 위해선 프로젝트에 대한 견적을 뽑아야 한다. 자신들이 직접 과거의 경험에 비추어 견적을 산출하는 경우도 있고 우리와 같은 기술 영업하는 사람들을 불러 견적을 요청하기도 한다. 이때 제출되는 견적은 예산용 견적(budgetary quotation)이므로 만약 해당 건설 업체가 수주 경쟁에서 실패한다면 제출된 견적서는 무용지물이 된다. 예산을 잡기 위한 견적단계에서는 상세하게 잡지 않는다.

만약 이 건설 업체가 수주를 하게 되면 실제 수주된 프로젝트를 실행하기 위한 견적서를 다시 제출할 것을 요구한다. 이때 제출하는 견적서는 당연히 상세하고도 정확한 견적이 제출되어야 한다.

공급업체 명단(Vendor List)이 있다.

특정 라이센스가 있는 공법으로 공장(플랜트)을 짓는 경우 해당 라이센서(Licensor)가 인증해 주는 각 장비나 설비 품목에 대하여 자격을 갖춘 공급업체들의 명단을 말한다.

만약 엔지니어링 업체가 라이센서 없이 자체 설계로 공장을 짓는 경우는 공급업체 명단(vendor list)에 우리 회사가 포함되어 있지 않더라도 견적을 제출할 수 있다. 라이센서의 기술로 공장을 짓는다면 우리 회사가 공급업체 명단(vendor list)에 포함된 업체인지 아닌지 확인하는 것이 중요하다. 라이센서가 지정한 업체가 아니라면 견적을 제출하더라도 후에 라이센서로부터 승인을 받아야 하는데 최악의 경우에는 승인을 받지 못하는 경우도 있다.

라이센서의 특정 공법이라 하더라도 공급업체 명단(vendor list) 자체가 없는 아이템도 있다. 특별히 지정된 업체가 없는 아이템이라면 누구든 엔지니어링사의 발주에 참가 가능하다.

원 포인트 레슨 ▸▸▸ 플랜트 프로젝트를 거부하는 회사들도 있다. 매출 규모가 너무 크기도 하고 일정하게 매출이 일어나지 않기 때문이다. 전략적인 접근이 필요하다.

11
플랜트 수주 성공을 위한 9가지 사전 체크 포인트

플랜트 수주 성공의 요체는 무엇인가?

첫째는 가격이다

EPC는 가격에 지나칠 정도로 민감하다.

조금이라도 싼 가격을 제시하는 업체가 있다면 무조건 그쪽으로 발주한다.

30%나 비싼 가격을 제시한 업체에게 발주를 하기 위해서는 어떤 분명한 이유가 있어야 한다. 단지 개인적으로 좀 안다고 발주를 주진 않는다.

왜 그렇게 건설업체가 가격에 민감한가? 그들도 저가로 프로젝트를 수주했기 때문이다.

라이센서가 특정 메이커를 지정하여 반드시 사용할 것을 요구하더라고 가격이 비싸면 강력히 라이센서나 오너를 설득하여 가격이 저렴한 대체품을 구매하곤 한다.

우리도 최대한 원가를 절감할 수 있는 방안을 찾아야 한다.

이익을 희생하라는 것이 아니다. 제조원가, 구매 원가, 제작원가를 최대한 줄이라는 것이다.

가격 경쟁력이 없으면 플랜트 수주는 너무나 힘들어 진다.

처음부터 고가인 제품을 제시한 것이고 더 이상의 가격 네고가 불가능하다면 보다 더 분명한 영업전략을 수립해야 한다.

둘째는 수주를 성공하기 위해서는 9가지 체크 포인트가 필요하다

프로젝트 수주의 경우 대개 금액이 높다. 한마디로 장난이 아니란 거다. 모두가 다 진지해진다. 한두 마디 말이나 설득으로 구매 의사 결정이 바뀌지는 않는다. 전 방위적으로 프로젝트를 수주하기 위해 영업을 전개해야 하는데 우리에게 필요한 9가지 체크 포인트는 다음과 같다.

❶ 프로젝트가 실행가능성이 있는 것인지 — 자금조달에는 문제가 없는지.

❷ 라이센서(Licensor)가 누구인지. 프로젝트 소유주(Owner)가 누구인지, 우리와 전에 일해본 경험이 있는 회사인지 아닌지.

❸ 우리가 공급업체 명단(vendor list)에 포함되어 있는지, 없다면 추후에 소유주(owner)의 승인이 가능한지.

❹ 경쟁업체는 누구인지, 각자의 장단점은 무엇인지.

❺ 가격만으로 구매를 결정하는 건설회사인지, 아니면 가격이 좀 높더라고 기술적인 장점을 인정해 줄 수 있는지 즉 건설업체의 구매 성향을 알아야 한다.

❻ 우리에게 할당된 예산은 얼마이며, 경쟁업체의 가격은 얼마인지.

❼ 우리의 기술적인 장점을 알릴 수 있는 방법은 있는지.

❽ 업체 선정이나 가격 결정 과정은 어떻게 되는지.
이 점은 회사마다 다르기 때문에 반드시 알아야 하는 사항이다. 구매 프로세스(Buying Process)라는 용어를 쓰는데, 2차 네고를 하는 업체인지, 3차 네고까지 하는지, 아니면 1차 견적서를 받은 후 고가 업체는 아예 2차 네고에서 제외시키는지를 사전에 알아야 한다.

❾ 고객 업체 내부에 우리를 지원해 주는 우군이 있는지.

원 포인트 레슨 ▸▸▸ 플랜트 프로젝트와 관련하여 수주하기 위해서는 가격 위주의 원가 절감 전략과 함께 프로젝트에 대한 정보와 업체에 대한 상세한 정보를 가지고 있어야 수주 가능성을 높일 수 있다.

12
병행수입업체(Grey Dealer)에 대한 4가지 대처법

병행수입업체(Grey Dealer)란 정식으로 국내에 대리점권을 획득하고 영업을 하는 회사가 아니고 대개 미국 등지의 마켓에서 딜러들을 통해 직접 구매하거나 현지 구매 에이전트를 이용하여 구매한 후 국내 소비자에게 물품을 공급하는 업체를 말한다. 모조품인 짝퉁과는 달리 실제 브랜드의 제품이지만 공식 루트를 통해 수입되는 제품이 아니라는 것이다. 유명 브랜드의 의류나 골프채, 전자제품, 자동차와 같은 아이템은 병행수입업체(Grey Dealer)가 많이 들어와 있으나, 우리들이 취급하는 산업용재 판매의 경우는 그리 흔치 않다. 가끔씩 발생하는 경우가 있다.

병행수입업체(Grey Dealer)가 최종 사용자(고객)에게 제공하는 것은 동일 품질의 물건이지만 훨씬 저렴한 가격에 공급한다는 것이다. 병행수입업체의 가격이 싼 이유는 당연한 것으로 별도의 독자적인 서비스망을 구축할 필요가 없으며 브랜드를 홍보하기 위한 광고비 지출이 필요 없고 판매에 대한 비용이 저렴하므로 판매가를 낮게 책정할 수 있다. 만약 수량에 따른 할인이 제공되는 아이템이라면 예를 들어 미국의 대형 딜러가 많은 수량을 저렴한 가격으로 구매하여 시장에 뿌릴 수도 있으므로 병행수입업체의 구매 단가 자체가 정식 수입업체나 대리점 혹은 현지 법인보다 더 저렴할 수 있다. 한편 고객으로서는 동일한 제품을 싼 가격으로 구매할 수 있으므로 선호할 수 있다. 이에 대항하기 위해 정식 수입업체에서는 대체로 사후관리(A/S)가 안 된다는 것을 내세운다. 소위 정품만 A/S가 가능하다는 점을 강조한다.

고객들이 병행수입업자로부터 견적을 받고는 우리에게 이렇게 질문한다. 왜 정식 수입업체로부터 구매하는 것이 일반 무역업체를 통해 구입하는 것보다 더 비싼가? 이 질문에 우리는 답변해야 하는데, 정품 수입업체라면 어떻게 해야 병행 수입업체로부터 고객을 보호할 수 있을까?

첫째 근본적인 대책으로는 고객에게 제품을 가격으로 판매하고 있는지 가치로 판매하고 있는지를 늘 생각해야 한다

가격으로 구매하고 있는 고객이라면 병행 수입업체의 영업을 막을 도리가 없다.

우리의 고객은 결코 어리석지 않다. 제품의 가격과 우리가 제공하는 가치를 저울질 해보고 가격보다 가치가 낮다면 결코 돈을 허비하지 않을 것이다.

병행 수입업체가 제공하는 낮은 가격이 얼마나 될까? 구체적으로 검증해 보라. 10%, 30% 정도의 가격 차이 이상의 가치를 보여주지 못한다면 우리에게 문제가 있는 것이다.

우리가 제품을 판다고 생각하면 가격이 싸야만 팔린다. 우리의 철학과 가치를 팔려고 노력하면 가치를 판매할 수 있다. 왜 우리제품을 사용해야 하는지에 대한 답을 전달해 주어야 한다. 제품에 담겨있는 우리의 철학을 보여주어야 한다. 철학은 보이지 않는다. 고객에게 보여주기도 쉽지 않다. 우리 직원들이나 대리점 직원들에게 제품에 담겨있는 우리의 철학을, 제품의 가치를 깊이 교육시켜야 한다. 그래야 이런 일이 되풀이 되지 않는다.

둘째 품질 보증에 대한 문제를 고객에게 강력히 제기해야 한다

명품일수록 짝퉁이 있는 법이다. 병행 수입업체가 수입하는 물건이 정품이라면 문제가 없지만 짝퉁이 아니라는 보장도 없다. 만약이 물건이 정품이 아니고 짝퉁이라면 고객의 설비에 엄청난 재앙을 초래할 것이다. 고객에게 이럴 가능성에 대해 충분히 알려주어야 한다.

셋째 아직 고객에게 물건이 공급되지 않았다면 우리 사내 모든 관계자들에게 통보하여 어떤 루트를 통해 제품이 공급될 것인지 확인하고 실제 공급이 이루어지지 못 하도록 막아야 한다

넷째 이미 고객에게 병행수입업체의 판매 물건이 공급되었거나 공급될 예정이어서 도무지 막지 못할 상황이라면 사후에라도 고객에

게 공급된 물건을 직접 확인하여 이와 같은 일이 다시는 발생하지 않도록 조치를 취해야 한다

공급된 제품의 생산 로트(lot)번호를 파악한 후 본사에 보고하여 정품인지를 확인함으로써 고객을 보호해야 할 뿐 아니라 본사에서도 어떤 루트를 통해 병행제품이 한국으로 수입될 수 있었는지 파악하여 재발 방지 조치를 취해야 한다.

결론적으로 우리의 고객이 우리에게서 물건을 사지 않고 병행수입업체로부터 구매했다면 이건 영업의 실패이다. 병행수입업체도 우리에겐 경쟁업체의 하나일 뿐이다. 우리의 영업 직원(혹은 대리점 영업 직원)과 고객과의 인간관계를 점검해 봐야 한다. 거기서부터 사달은 시작된 것이다.

만약 당신이 병행수입업체라면 품질은 정식 수입업체와 동일하다는 점을 강조해야 한다. 품질에 대한 고객의 의구심을 확실히 풀어주어야 한다. 사후관리(AS)도 얼마든지 가능하고 기술지원이 된다는 점을 강조하여야 하고 또 실제적으로 가능하여야 한다. 그래야 고객이 안심하고 살 수 있다.

원 포인트 레슨 ▸▸▸ 평소에 고객으로부터 가치를 인정받는 것이 병행수입업체로부터 우리를 지키는 원동력이 된다.

13
다섯 개의 얼굴을 가진 우리의 고객

우리의 고객은 조직이다. 같은 고객이라도 여러 성격의 서로 다른 부류가 혼합되어 있다. 밀러하이맨(Miller Heimann)에서는 고객을 네가지 부류로 분류하는데 나는 다섯가지로 분류한다. 조직으로서의 고객을 이해해 보자.

(1) 현장 사용자(end user)

이 사람이 직접 우리 제품을 사용할 사람이다. 대개 현장의 주임, 반장, 직장, 반원 등등이다. 최종 사용자가 직접 구매 품의를 할 수도 있고, 그렇지 않을 수도 있다. MRO 자재라면 직접 구매요청서를 작성할 것이다. 현장 사용자는 구매하려는 제품의 품질에 제일 민감하다. 어차피 본인이 사용해야 할 제품이므로 완벽한 제품을 원한다. 만약 우리가 판매하는 제품이 MRO라면 더더욱 이 분들의 결정이 중요해진다.

(2) 기술 검토자(technical reviewer)

이 사람은 직접 제품을 사용하지 않는다. 단지 기술 검토만 할 뿐이다. 신규 설비 구매를 위한 기술검토를 추진하는 부서에 있을 수도 있고 현장에서 추진하는 구매 건에 대해 기술적인 사항을 검토만 하기도 한다. 실제 기술적인 구매 사양서(purchasing specifications)를 작성하는 사람은 바로 이 사람이다. MRO자재 보다는 설비나 투자 성격의 장비를 구매할 때 관여한다. 가격 검토도 같이 하게 되나 가격보다는 기술적인 부분에 역점을 둔다, 기술부 혹은 설비기술팀 직원이 이에 속한다. 기술 검토자들이 직접 구매 품의서를 작성하는 경우는 드물다. 이 분들이 가장 중요하게 생각하는 것은 제품의 품질이 기술사양에 맞는지 아닌지이다. 일단 제품의 품질이 기술사양에 부합하다고 판단되면 다 승인해 준다.

(3) 구매담당자(Purchasing officer)

조달이라는 표현을 쓰기도 한다. 계약부서이다. 기술적인 부분은 거의 관여하지 않는다. 혹시 기술적인 부분이 이슈가 되면 해당 구매건의 기술검토자 에게 넘겨버린다. 단지 가격만 비교하고 검토한다. 어떤 구매 팀에서는 단지 가격만 비교하지 않고, 수명과 연관한 내구성, 전 생애비용(total life cost), 유지관리비용(operating cost, maintenance cost), 사후 서비스의 용이성도 같이 비교하기도 한다.

(4) 결재권자(technical approver, purchasing approver)

구매를 승인하는 결재라인은 두 가지로 분류된다, 기술검토자의 상위 결재자(부장이나 이사 혹은 상무, 최고경영자 선까지)와 구매 담당자의 상위 결재자(부장이나, 본부장, 최고경영자까지)이다. 이들은 대개의 경우 직접 판매업체와 개입하지는 않는다. 구매 금액이 높거나(회사마다 그 기준은 다르겠지만) 혹은 특별한 경우에 직접 개입하는 경우도 있다. 이 분들의 관심은 예산관리와 투자수익(ROI, Return On Investment)이다. 예산의 범위 내에 있고 투자회수 기간이 정해진 범주 안에 든다고 하면 구매는 최종 승인된다.

(5) 백기사(white knight)

고객의 자문역할을 하는 사람이 구매에 간접적이지만 결정적으로 관여하는 경우도 있다. 대학교수나 학계, 연구소의 박사님이 고객의 기술자문을 해주는 경우도 있고, 동종업계의 현장 사용자들도 결과적으로 우리를 위한 백기사 역할을 하기도 한다. 프로세스 라이센서(process licensor)도 이 범위에 속한다. 결정적으로 구매 의사결정에 영향을 미칠 수 있는 제3의 인물을 백기사 또는 외부 영향력자로 부른다. 수주가 여의치 않을 때 외부에서 우리를 도와줄 수 있는 백기사를 찾아보라.

매우 어려운 수주 건이 있었다.

금액은 수십억 되는 고가 장비였는데 경쟁업체도 그리 만만하질 않아 왜 우리 제품을 사야 하는지 설명하는데 어려움이 있었다. 작동 방식과 장단점이 각기 달라서 두 기술을 사과 대 사과(apple to apple)로 비교하여 설명하기도 쉽지 않았고 기술적인 사양을 검토하는 고객입장에서도 어느 것이 나은지 쉽게 판단을 내릴 수 없었다. 구매를 검토한 기술부의 직원은 우리 제품을 이미 구매하여 사용하고 있던 동종업계의 학교 동창에게 전화를 걸어서 우리 제품이 어떤지 면밀히 조사하였다. 마침내 우리 제품을 구매하였다. 뜻하지 않게 기사용자가 우리를 강력히 옹호하는 백기사 역할을 해 준 것이다.

이 모든 조직의 구성원들이 우리의 고객이다.

수주 활동을 하면서 우리 쪽으로 구매가 잘 진행이 안된다고 싶으면 다섯 부류의 고객을 내가 골고루 다 접촉하고 있는지 제대로 관계를 유지하고 있는지, 우리의 특장점과 이익을 모두에게 설명했는지 돌아보아야 한다. 어딘가 막힌 구석이 있을 것이다. 거기가 키포인트이다.

원 포인트 레슨 ▸▸▸ 밀러하이맨에서는 구매에 영향을 미치는 고객을 네가지로 분류한다. 구매영향력자라고 해서 경제적 구매 영향력자, 기술적 구매 영향력자, 사용자, 코치로 분류한다. 고객은 한명이 아니므로 모든 고객을 골고루 접촉하는 영업이 궁극적으로 승리한다.

14

적대적인 고객 3가지 유형과 5가지 대응 방안

고객을 기술적으로 납득시키는 효과적인 수단중의 하나가 기술 세미나이다. 새로운 기술 습득을 위해 참석한 엔지니어들은 최대한 관심을 보이고 경청하게 된다. 세미나 중에 강사에 대해서 매우 적대적인 행동을 하는 고객들이 가끔 있다. 말도 안 되는 질문을 하거나 명백히 틀린 내용을 맞는다고 자꾸 우기거나, 강사가 설명하는 기술 또는 제품이 별거 아니라는 투로 여러 사람 앞에서 강변하는 경우이다.

이런 상황에 처하게 되면 발표자는 당연히 당황하게 되고 혼란에 빠지게 된다.

먼저 적대적인 고객을 세 가지 유형으로 나눌 수 있다.

첫째는 자랑형이다

자신이 알고 있는 지식을 자랑하고 싶은 경우이다.

강사 너만 잘 안다고 하지 마라, 나는 너보다 더 이 분야에 더 오래 있었고 더 잘 알고 있다는 메시지를 강하게 암시하는 경우이다. 일리가 있을 수 있다. 현장의 엔지니어 중에서도 얼마든지 기술적으로 뛰어난 분들이 많이 있기 때문이다.

둘째는 적군형이다

내가 설명하는 제품이나 기술과 상대되는 경쟁 제품을 사용하고 있는 엔지니어의 경우이다. 본인은 스스로 사용하고 있는 제품이나 기술이 전혀 문제가 없다고 믿고 있는데 다른 업체가 와서 자신들의 것이 신기술이며 더 나은 기술이라고 설명한다면 당연히 반감을 가질 것이다. 기술세미나의 참가한 청중이 모두 우리에게 호감을 가지고 찾아 왔으리라고 생각하면 안된다. 스파이도 있고 명백한 적군도 청중 속에 있을 수 있다.

셋째는 지적형이다

발표자의 발표 자체가 만족스럽지 못한 경우이다. 강사의 강의 내용이 부실하거나 프레젠테이션 기술이 매끄럽지 못하여 듣는 사람들을 짜증나게 만드는 상황이다. 이럴 때 뭔가 지적질을 해야 맘이 편한 고객들도 있다. 영업 담당자들이 세미나를 이끌어 간다면 정말 준비를 잘해서 고객이 지적형으로 변신하지 않도록 해야 한다. 우리의 잘못된 강의 내용이나 부실한 준비로 고객이 짜증을 낸다면 전적으로 우리의 책임이다.

이에 대하여 강사(presenter)의 입장에서 어떻게 대응하는 것이 가장 적절할까?

먼저 명심해야 할 것은 기술세미나를 위한 프레젠테이션은 기술경연장이 아니라는 사실이다

나의 기술이 너의 기술보다 낫다는 것을 입증하기 위해 논쟁하는 자리가 아니다. 고객과 논쟁하지 말라. 고객이 틀린 내용이라도 자꾸 우기면 일리 있는 얘기라고 말하고 가볍게 넘어가는 것이 낫다. 고객과 프레젠테이션 현장에서 논쟁하지 마라. 모습만 추해진다. 이겨도 좋지 않고, 져도 보기 좋지 않다.

두 번째 시작할 때부터 본인을 팍 낮추어라

참석한 엔지니어들은 모두 다 자신의 분야에서 나름대로 일가견을 가지고 계신 분들이다. 여러분은 담당하는 분야에서는 나름대로 최고라고 자부하는 사람이긴 하지만 모든 것을 다 알고 있다고 하긴 어렵다.

처음 프레젠테이션을 시작할 때 먼저 이렇게 공언하라.

"저희는 ××분야에서 세계 최고의 기술을 보유하고 있다고 생각합니다. 그러나 저희의 기술이 완벽하다고는 생각지 않습니다. 여러분은 AA분야에서 최고의 수준을 자랑하는 전문가들입니다. 저희의 기술과 현장에서 체득한 여러분의 경험이 함께 어우러진다면 진정한 솔루션(solution)이 탄생할 수 있다고 생각합니다. 언제라도 좋으니 프레젠테이션 중에 여러분의 고견을 말씀해 주시면 큰 도움이 되겠습니다."

먼저 자신을 낮추고 나가면, 참석한 엔지니어들은 상대적으로 마음이 편안해 질 것이고 돌발적이며 적대적인 질문을 예방할 수 있다.

세 번째로 자랑형이나 지적형의 고객이 제기한 질문에 대한 답을 잘 모른다면 무리하게 현장에서 즉답하지 마라

즉답을 시도하기 보다는 "훌륭한 질문이라고 생각합니다. 그런데 죄송합니다. 지금 충분한 데이터를 갖고 있지 않아 바로 대답을 못 드리겠습니다. 프레젠테이션이 끝나고 나중에 연락드리도록 하겠습니다." 라고 피해가라. 질문한 사람도 강사가 직접 대답을 못하면 오히려 더 뿌듯해 한다. '역시 내 질문이 아주 훌륭했어. 이것 봐, 강사도 답을 모르는 질문이었잖아'. 고객이 행복해할 수 있도록 만들어 주라.

네 번째로 일부로 시비를 거는 듯한 적군형 고객이라면

세 번째 답변처럼, 바로 그 자리에서 답변하지 말고 "훌륭한 질문이신데 세미나 후에 별로도 찾아 뵙겠습니다." 정도로 대응하고 넘어가는 것이 좋다.

경쟁업체의 기술이 더 뛰어나다고 자꾸 우기는 경우도, 실제 그럴 수도 있으므로, 여러 사람 앞에서 반박하기 보다는, "세미나 후에 별도로 찾아뵙고 그 부분에 대해 좀 더 가르침을 받겠습니다." 정도로 하고 넘어가는 것이 좋다.

다섯째로 강사가 알고 있는 사실과 명백히 틀린 내용을 가지고 자기 내용이 맞는다고 우기는 고객에게는

여러 사람 앞에서 고객의 의견의 어디가 잘못되었는지 입증하기보다는 "일리가 있는 지적이신데 저는 이렇게 알고 있습니다." 정도의 수위로 조절하는 것이 좋다.

고객과 싸워서 이기려고 하지 마라. 점잖게 져주는 것이 모두에게 좋다.

원 포인트 레슨 ▸▸▸ 프레젠테이션 중에 나오는 고객의 적대적인 질문에 당황하지 마라. 그럴 수도 있다. 겸손한 마음으로 화살을 비켜 나가라. 그러면 고객은 더욱 당신을 신뢰할 것이다.

15
접대비와 영업 생산성

접대를 많이 하면 할수록 영업 실적이 더 오른다고 생각한다. 나도 그렇게 믿어 왔다.

기술영업의 3요소라고 하면 제품(Product), 기술 교육(Technical Education), 인간관계(Human relationship)라고 프랑스 사부님 피엘 술피스(Pierre Sulpice)께서 제일 처음 가르쳐 주셨다. 일반 영업 즉 소비자를 상대로 하는 영업은 제품과 인간관계가 제일 중요할 것이다. 영업의 성격에 따라 인간관계만 좋아도 영업이 되는 경우가 허다하다. 기술영업 즉 B2B 영업은 3가지 요소가 공히 중요하다고 할 수 있다. 기술영업에서도 인간관계가 당연히 중요하며 고객접대(Entertainment)가 필수 불가결한 조건이라고 생각한다. 이게 기본 상식이다. 오늘 기본 상식을 깨어보자.

재무 담당 임원이 회의시간에 특별한 자료를 발표하였다. 모든 영업 직원들이 연간 사용한 접대비와 각 개인의 영업실적을 비교한 표였다. 만약 위의 전제가 맞는다면 접대비를 많이 사용한 사람일수록 영업 실적은 높아야 할 것이다. 그러나 데이터는 그렇지 않았다. 비례관계가 성립되질 않았다. 예상치 못한 충격적인 결과였다.

분명한 관계성이 발견된 것이 있긴 했다. 개인적으로 술을 좋아하는 영업직원일수록 많은 접대비를 사용하고 있었다. 술을 체질적으로 못 마시거나 음주가무를 싫어하는 영업 직원일수록 접대비 사용금액이 적었다. 영업실적과 접대비 간에 직접적인 관계는 없었다. 음주가무를 싫어하는 영업 직원이 특별히 영업실적이 낮은 것이 아니었고 술을 좋아하는 영업 직원의 실적이 높은 것도 아니었다.

받아들이기 어려운 자료이지만 사실은 사실이다.
여기서 뭘 배울 수 있을까?

인간관계를 높이는 여러 방법 중의 하나가 단지 접대일 뿐이라는 사실이다. 접대가 영업실적과 전혀 무관하진 않을 것이다. 하지만 접대가 인간관계를 모두 보장해 주는 것은 아니다.

회사에서 접대비도 넉넉히 지원해주지 않는다는 불평을 하는 많은 영업 직원들을 보아왔다. 그들의 항변에 기꺼이 동의한다. 인간관계를 높이기 위해서는 접대만이 능사라고 생각하는 세일즈 엔지니어들은 이런 자료를 통해 다시 한 번 돌이켜 생각해 볼 필요가 있다.

그렇다고 고객과 점심 식사조차 전혀 하지 않는 직원은 문제가 있다. 고객과 아름다운 인간관계를 형성하기 어렵다. 고객과의 관계가 무미건조해진다. 적절한 접대는 영업을 활력 있게 한다.

원 포인트 레슨 ▸▸▸ 접대비 팍팍 써가면서 영업하는 사람이나, 접대 제대로 하지 않고 영업하는 사람이나 실적은 큰 차이가 없다. 접대비 절감할 수 있다.

16
보고 또 보고
— 지속 가능한 고객관리

어떤 고객의 핵심 생산 공정에 기술적인 문제가 많이 발생하였다. 원인 파악부터 해결 방안까지 기술팀에서 오랜 동안 연구를 했으나 근본적인 해결을 못하고 고심했었다. 고객을 방문하여 이런 사실을 알고 몇 가지 진단과 기술 검토를 했고 설비의 한 구성요소를 바꾸어 개선하도록 제안하였다. 이후 문제 발생 건수가 급격히 감소하였다. 생산 및 정비부서 직원들도 모두 발 뻗고 잠잘 수 있게 되었다. 기술영업을 하는 사람으로서는 큰 보람을 느끼는 일이다. 이후로 생산설비는 씽씽 잘 돌아 갔다.

세월이 흘렀다.

생산 설비 담당 직원들이 대부분 바뀌었다. 기존에 남아 있던 직원들조차 과거에 무슨 문제가 있었는지에 대한 기억이 점차 희미해져 갔다. 그러다 새로운 공장장이 부임하게 되었다. 원가 혁신을 해야겠다고 생각하고 현재 사용하는 설비에 소요되는 운영 보전 비용을 분석했다. 한 특정 부품의 비용이 다른 부품에 비해 고가인 것을 발견했다. 과거 설비의 문제를 해결해 주었던 바로 그 부품이었다. 어떤 일이 있었는지 전혀 몰랐던 공장장은 직원들에게 이와 유사한 제품이 있는지, 가격은 얼마나 되는지 조사하라고 했다. 조사 결과 가격이 싸면서도 품질이 유사하다고 알려진 다른 회사의 제품이 있다는 것을 알게 되었고 공장장은 즉시 저렴한 대체품으로 교체하라고 지시하였다. 그는 원가 절감에 크게 기여한 결정이라고 생각한 것이다. 아이러니하게도 10여 년 전에 대체품을 사용하다가 생산에 엄청난 차질을 빚었고 많은 기회비용을 지불할 수밖에 없었다는 사실이 전승되지 않아 발생한 일이다.

주위에서 흔히 일어날 수 있는 일이다.

전적으로 영업 담당자의 책임이다. 고객관리가 지속적으로 이루어져야 한다.

기존 고객일수록 잘 아니까 별로 관심을 기울이지 않는다. 잡은 고기는 미끼를 더 이상 줄 필요가 없다는 말은 여자를 사귈 때나 쓰는 경구이다. 이조차도 맞는 말이 아니다. 고객을 그냥 내버려 두지 말라. 내가 고객을 버려두면 경쟁업체가 고객을 돌보게 된다는 말도 있다.

계속하여 주기적으로 고객에 대한 기술 교육을 실시하는 것이 좋다.

원 포인트 레슨 ▸▸▸ 계속하여 반복해서 지치지 말고 내가 가지고 있는 기술의 장점을 전파해야 한다. 때를 얻든지 못 얻든지 계속 고객에게 설명하고 설명하라. 우리 교회에서 전도할 때 쓰는 구호가 있다. 내가 아니면 누가? 지금이 아니면 언제?

Ⅱ

B2B 영업 전략

1
워룸(war room)의 3단계 전략 수립과정

직원들과 프로젝트 수주를 위한 영업 전략을 협의하다 보면 흔히 발견하는 오류 중 하나는 사실(fact)과 추측과 희망사항을 혼동하는 것이다.

팩트(fact)는 사실, 즉 있는 그대로의 모습을 가리키며 추측은 사실을 확장하여 만든 불완전한, 확인되지 않은 사실이며, 희망사항이란 본인의 생각이나 환경의 조건을 반영하여 이루고 싶은 모습을 말하는 것으로 사실을 자의적으로 해석한 것이다. 사실(fact)과 추측과 희망사항(hope)은 당연히 구분되어야 한다. 이를 구분하지 않으면 첫 단추를 잘못 끼운 것처럼 제대로 된 전략을 수립하는 것이 불가능해 진다.

간단한 예를 들면 이런 거다.

직원에게 이렇게 물었다.

"내일 납품되나요?"

"네. 내일은 반드시 물건 나갈 것입니다."

이 문답에서 사실(fact)과 추측, 희망사항(hope)이 구분이 되는가?

직원에게 사실관계를 물었다. 직원은 자신의 추측과 희망사항을 섞어서 답변하였다. 사실을 얘기한 것이 아니다.

다시 물어본다.

"내일 출고된다는 사실을 확인했나요?"

"으음, 아직 확인은 못했습니다."

"공장에 확인해 보시고 연락 주세요."

조금 있다 다시 보고하기를 "예. 확인 했습니다. 내일 출고됩니다."

단순한 예지만 직원들로부터 아주 흔히 듣는, 질문과 대답이 일치하지 않는 경우이다. 사실(fact)에 대한 인식 없이 단순히 자신의 희망사항만을 얘기하는 경우가 너무나 많다. 결과적으로 현실은 무시되고 우리가 기대하는 바람으로만 전략이 수립되는 것이다. 실패하는 전략이다.

우리 영업은 전략적 판매(strategic selling)과정이다. 단순히 라면 파는 장사가 아니란 얘기다. 하긴 라면도 전문점으로 가면 종류가 다양해지고 가격도 차이가 나므로 복잡하다. 그만큼 고객의 구매의사 결정과정도 복잡하고 영향을 미치는 요소도 다양하다. 복잡하기 때문에 그럴수록 우리는 단순화시켜 나가야 전략이 수립된다. 복잡한 것을 묶어서 바라보면 답을 찾을 수 없다. 나누고 쪼개고 단순화시켜야 한다. 복잡요소가 무엇으로 구성되었는지를 잘 찾아내는 사람이 수주에 가까이 다가설 수 있다. 트리즈(Triz) 기법에도 나오는 말이다.

영업 전략 수립 시 제1단계는 사실(fact)을 모으는 일이다

나의 의견이나 소망이 반영되지 않은, 있는 그대로의 상황을 정리해야 한다. 이 단계에서는 어떻게 될 거라는 추측이나 어떻게 되기를 바라는 희망사항은 철저히 배제되어야 한다. 명확한 사실을 정리해야 그 다음 2단계에서 어떻게 분석할 것인가가 논의된다.

1단계에서는 이것이 사실인지 아닌지 확인만 해주면 된다. 현재 우리가 알고 있는 것이 무엇이고 모르는 것이 무엇인지를 구분하는 단계이다.

제2단계에서는 1단계에서 정리한 사실의 바탕에서 우리는 어떻게 해야 하는 것이 수주에 가장 유리한가라는 전략을 수립하는 것이다

부족한 정보는 최대한 빨리 확인할 수 있도록 조치를 취한다. 수집된 정보와 사실관계를 기초로 하여 예상되는 상황에 대응할 수 있는 시나리오를 협의한다. 이때는 합리적 추측이 필요하다. 목표 즉 희망사항이 바르게 제시되어야 한다.

3단계에 접어들면 불명확한 상황은 어느 정도 명확해지고 우리의 실행사항만 남게 된다. 실행(Action)단계이다

고객으로부터 견적요청이 왔다. 담당 직원이 방문하여 면담한 결과 보기 드문 대형 프로젝트였다. 고객이 원하는 것은, 시스템 전체를 우리로부터 구매하지 않고 주요 자재만 우리 회사에서 구매하고 나머지는 직접 제작하려는 안이었다. 전체를 구매하면 약 100억의 대형 발주 건이었다. 주요자재만 공급하면 우리의 수주금액은 30억 정도로 줄어들게 된다. 그래도 큰 건이었다. 고객은 우리로부터 물품을 사서 최종 사용자 업체에는 자신들이 제작한 다른 패키지(package)와 함께 납품하려는 것이다. 우리의 고객은 최종사용자와 구매양해 각서(MOU)를 이미 체결하였다고 했다.

영업 전략 수립회의를 했다.

1단계(사실관계 확인) - 다음과 같은 사실관계를 정리하였다.

❶ 대형 프로젝트가 있다.

❷ 고객이 원하는 것은 본인들이 제작할 수 있도록 구매사양서에 따른 세부항목(breakdown)으로 표기된 견적을 우리로부터 받는 것이다. 그러면 30억짜리이다.

❸ 한국에서 이 견적 작업을 자체적으로 할 수는 없다. 본사의 협조를 받아야 하는 대형 설비이다.

❹ 우리의 고객은 본 건에 대해 최종사용자와 구매양해 각서(MOU)를 이미 체결하였다.

2단계(전략형성과정) - 사실관계(fact)가 정리된 다음 우리가 어떻게 할 것인지를 모든 가능성을 두고 자유롭게 협의하였다.

❶ 대형 프로젝트가 진짜 진행되고 있는 것인지 확인을 해야 하지 않을까? 고객의 말을 그대로 믿을 수는 없다. MOU를 체결

했다면 상세한 내용을 알아볼 필요가 있을 것이다.

❷ 우리의 경쟁업체로부터 이미 견적을 받은 것이 틀림없는데, 경쟁업체의 가격이 우리보다 저렴함에도 불구하고 왜 우리에게 견적을 요구하는지에 대한 이유는 불명확하다. 이 이유를 알아야만 한다.

❸ 고객이 원하는 세부항목(breakdown)으로 분류한 견적을 본사에서 제공해 줄지 아직 모른다.

❹ 시스템 전체를 팔 수 있는 가능성이 있을까? 우리는 전체를 팔고 싶고 그러면 100억짜리이다.

3단계(실행사항) - 이상의 논의를 거친 후 실행사항을 정리하였다.

❶ 미국 본사에 일단 이 건을 통지하고 세부항목이 포함된 견적을 요청해 보자

❷ 이미 경쟁업체로부터 견적을 받고 우리에게는 단지 대비 견적만 요청한 것일 수도 있으므로 여기에 대한 규명이 필요하다.

❸ 고객의 고객인 최종사용자의 구매부를 접촉하여 우리 고객이 어느 정도의 금액으로, 어느 메이커 제품으로 견적을 제출하고 구매의향서(MOU)를 체결했는지를 조사해 보자. 이 정보를 얻을 수 있다면 시스템 전체를 팔 수 있을 가능성도 알아 볼 수 있을 것이다.

이상의 회의 결과에 따라 실행하였다. 확인해보니 우리 고객과 최종 사용자간에 프로젝트가 진행되고 있는 것은 사실이었다. 구매의향서(MOU)는 체결되어 있지 않았다. 우리 고객이 거짓 정보를

흘린 것이다. 실제 프로젝트가 수행되는 시기는 앞으로 1~2년이나 더 걸릴 것이라는 내용이었다. 미국 본사에 즉시 이를 알리고 더 이상의 실행 계획은 잠정 중단하기로 결론을 내렸다.

만약 이 상황을 제대로 분석하지 않고 단지 견적요청이 있으니까, 또 수주 예상 금액이 크니까 대박 터질 걸로 생각하고 무턱대고 본사 기술부에 견적 작업을 하라고 요청했다면 결과적으로 회사의 자원을 낭비한 결과만 낳았을 것이다. 본사로부터 왜 수주가 진행되지 않느냐고 독촉만 받는 상황이 될 뻔하였다.

영업 상황에서 수주를 추진하는 것은 1차 함수 수준의 수학 문제를 푸는 것과 달리 눈에 보이지 않는 추상적인 상황을 눈에 보이는 것으로 바꿔야 하는 고차원의 함수와 같이 매우 어려운 일임에 틀림없다. 인수분해를 통해 고차함수를 저차함수로 자꾸 분리해 내야 답이 보인다. 그 방법은 사실과 희망사항을 분리해 내고 사실에 근거한 합리적 추측을 기반으로 다양한 상황을 설정하고 해석을 한 후 실행계획을 세우고 직접 실행하는 것이다.

원 포인트 레슨 ▸▸▸ 복잡한 영업상황을 단순화시켜야 해법이 눈에 보인다. 단순화시키는 방법은 희망과 사실을 구분하고 사실관계에 기초하여 단계별 전략을 수립하는 것이다.

2
즐겨라! 경쟁이 주는 스트레스를

영업을 하는 이상 피할 수 없는 것이 경쟁업체와의 경쟁이다. 마이클 포터는 경쟁회피전략이 최고의 전략이라고 했지만 실제 상황에선 피할 수 없는 경쟁이 발생한다.

직원들 중엔 유사업종이나 경쟁업계로 전직을 하는 경우가 발생한다. 예전에 나의 상사였던 분이 사장과의 갈등 끝에 해고를 당했다. 퇴사 후 경쟁업체를 창업하였다. 그의 영업력은 타의 추종을 불허하였고 한번 목표를 세우면 끝까지 달성하는 강한 개성의 소유자였다. 그가 이미 쌓아둔 막강한 인맥과 탁월한 영업 능력은 당시 영업 경력이 그리 많지 않던 우리가 맞서기에는 사실 가능한 일이 아니었다. 인간적으로도 잘 아는 사이여서 나도 부담스러웠고, 그 또한 회사에 대한 개인적인 감정이 있었으므로 상황이 복잡했다. 나의 보스는 경쟁을 두려워하지 말고, 경쟁을 해야 할 상황이면 경쟁하라는 말씀을 하셨다.

이때부터 수년 동안 두 회사가 치열한 시장 쟁탈전을 벌였다. 그는 우리 회사를 타겟으로 하였으므로 가는 곳마다 부딪히게 되었다. 우리의 모든 기존 고객을 다 알고 어떤 품목을 공급하는지도 알고 우리 회사의 가격 자료도 다 가지고 있는, 우리를 우리 자신보다 더 잘 알고 있는 상대와의 경쟁 상황을 떠올려 보라. 엄청난 긴장과 스트레스의 연속이었다.

GE의 최고경영자로 20년간 세계 최고의 기업을 이끌었던 잭 웰치는 한 인터뷰에서 이렇게 말했다. "경쟁이 주는 스트레스에 익숙해져야 합니다. 시장 상황이 당신을 한순간 날려버릴 수 있다는 사실을 아십시오. 당신의 목숨이 달려있는 고객을 직접 찾아가야 합니다. 특히 최근 당신 회사와 결별한 고객에게 긴 시간을 투자해야 합니다."

승부는 결국 고객의 현장에서 결판나는 것이다.

원 포인트 레슨 ▸▸▸ 굳이 잭 웰치의 말을 빌리지 않더라도 경쟁이 주는 스트레스를 피할 수 있는 상황은 아니었다. 즐겨라! 어차피 피할 수 없다면.

3
네 가지 필승 경쟁전략

경쟁업체와 싸울 때 전략수립은 너무나 중요하다.
바른 전략, 필승 전략을 세우려면 상대를 잘 알아야 한다.
경쟁 전략의 기초는 다음과 같다.

첫 번째, 개인 대 조직의 경쟁으로 모드를 변화시킨다

이순신장군님이 왜군에 대하여 사용하셨던 전략이기도 하다.

늑대와 호랑이가 싸우려면 1:1로는 호랑이가 이긴다. 야생에서 일어날 수 있는지는 잘 모르지만, 늑대가 무리지어 떼로 호랑이에게 덤벼들면 호랑이는 물러가고 말 것이다. 우리는 개인이 아닌 조직으로 경쟁에 임하여야 한다. 개인이 동원할 수 있는 자원은 한계가 있는 반면 조직이 동원할 수 있는 실탄은 비교적 넉넉하다. 개인은 한 번에 한 고객밖에 만날 수 없지만 조직은 한 번에 여러 고객을 만나는 것이 가능하다. 개인과 조직과의 경쟁으로 모드를 전환시키면 비록 경쟁업체가 탁월한 능력을 가지고 있다 하더라도 우리에게 승산이 있다.

경쟁상황에서는 우리 회사가 가지고 있는 모든 자원을 활용하여야 한다. 사장님과 모든 상황을 협의하였고 적극적인 지원을 받았다. 기술 지원부서의 협조도 요청하였다. 영업부만으로 해결하기는 쉽지 않은 싸움이었으므로. 어떻게 할 것인지 로드맵을 구상하였다. 총무부, 재무회계부 등 모든 관련 직원들이 함께 모여 전략을 수립하였다.

두 번째, 차별화 전략이다. 고객에게 우리 제품의 기술적인 우위를 입증시켜 나간다

경쟁업체의 전략은 자신들의 제품이 우리의 제품과 기술적으로 동등하며 가격은 월등히 싸다는 것을 주지시키려고 한다. 이를 입증하기 위해 여러 가지 기술 자료를 고객에게 제시하였다. 우리는 고객에게 제시한 경쟁업체의 자료를 일일이 반박하고 무엇이 잘못되었는지를 거꾸로 제시하였다. 기술적으로 우리가 우위에 있다는 주장을 끊임없이 더 강력히 입증해 나가야 한다. 그 길만이 가격 열세를 극복하는 길이다.

세 번째, 끝장 보기 전략이다. 입찰로 경쟁하는 상황이 발생하면 우리의 이익을 희생하더라도 최저가로 갈 데까지 가는 전략이다

입찰이라는 게 고객이 정한 예가 이하로 투찰하면 수주하는 방식이다. 일반적으로 우리의 제품이 고가라면 경쟁업체와 입찰로 붙으면 거의 수주할 가능성이 없다. 그럼에도 포기하지 않았다. 계속 우리의 입찰 가격을 파격적으로 낮추어 이익이 남지 않더라도 수주를 시도하는 전략을 구사하였다. 우리가 수주하면 설령 조금 손해를 보더라도 경쟁업체가 이익을 보지 못하게 하는 효과가 있다. 우리가 수주를 못하고 경쟁업체가 수주를 하더라도 그들의 이익이 최소화 될 것이다. 경쟁업체가 돈을 벌도록 그대로 두면 안된다. 끝장을 보겠다는 각오를 하고 경쟁업체와 붙어야 한다. 갈 데까지 가보겠다는 각오를 하면 결국 경쟁업체가 물러나게 되어 있다. 죽기를 각오해야 한다.

네 번째로 고객과의 관계를 재정립해 나간다

고객과의 관계를 재정립하기 위해 많은 시간과 돈을 투자해야 한다. 고객과의 인간관계는 경쟁을 이기는데 극히 중요하다. 중요 고객을 한 분 한 분 만나서 우리의 처한 상황을 설명하고 경쟁업체와의 상황도 설명하여 고객을 인간적으로 우리의 우군으로 만들어야 한다. 어쩌면 고객은 우리의 치열한 경쟁상황을 제대로 즐기고 있을 수 있다. 어차피 피할 수 있는 상황은 아니다. 고객을 우리 편으로 만들어 나가야 한다.

원 포인트 레슨 ▸▸▸ 경쟁이 주는 스트레스를 피할 수 없다면 오히려 적극적으로 내 것으로 만들라. 게임한다는 심정으로 그 경쟁을 즐겨라.

4

영업은 과학이다

이순신 장군은 원균이 칠천량해전에서 완패한 후 겨우 남은 전선 13척을 이끌고 일본 수군 133척과 전투를 벌여 승리로 이끈다. 이른바 명량대첩이다. 승리의 원인은 무엇이었던가? 명량의 빠른 조수와 좁은 물목 때문에 일본은 300여척의 함선이 있었지만 오직 133척만 전투에 투입할 수밖에 없었고, 더구나 좁은 명량에서 실제로 조선 수군과 해전을 벌인 전함은 31척에 불과하였다. 즉 우리에게 절대적으로 유리한 지형에서 해전을 벌일 수 있게 됨으로 13 대 300의 수적 열세를 13 대 31로 완화시킬 수 있었다. 31척을 모두 박살내었다. 전략의 승리이다. 과학적으로 승리하였다. 영업은 과학이다.

이 명량대첩 때문에 이순신 장군은 늘 병력의 열세를 극복하고 해전을 승리로 이끈 분으로 알고 있는데 이는 큰 오해이다. 명량대첩을 제외하고 모든 해전에서 이순신 장군이 이끄는 병력과 화력, 전함의 수는 언제나 일본 수군을 압도하였다. 조선 수군의 전체 함대 숫자는 일본 수군보다 적었다. 그런데 적과 해전을 벌이는 순간만큼은 더 많은 전함과 병력을 동원하였던 것이 이순신 함대가 23

전승을 한 이유이다.

해외 플랜트 설비 입찰 건이 있었다. 입찰이 뜨자마자 견적 준비 작업에 돌입했다. 기술 사양이 매우 까다로웠다. 영국과 인도, 미국의 최고 전문가들과 여러 차례 회의를 하고, 국내 제작업체들과 협의를 한 후 제안서를 마련하였다. 금액으로도 오백만 불이나 되는 꽤 큰 프로젝트였다. 무려 다섯 개 업체들이 입찰에 참여하였다. 정성스럽게 준비한 제안서(proposal)를 제출하고, 향후 기술평가를 대비하여 만반의 준비를 하고 있었다. 고객의 구매부로부터 한 줄의 이메일이 왔다. 가격이 너무 높아 기술 평가 대상에서 아예 제외되었다는 통보였다. 예비 후보 명단(shortlist)에도 들지 못했던 것이다. 큰 충격이었다. 데이터시트(data sheet)의 승인 업체 명단(approved vendor list)에 우리의 이름이 명시되어 있음에도 불구하고 예비단계에서 탈락한 것이다. 영업은 과학이다. 합리적으로 접근하는 법을 찾아야 한다.

2~3주가 지났다. 우리 엔지니어링 부서의 부서장이 고객사의 자회사와 전략적 제휴를 하여 공동으로 이 프로젝트를 수주하는 것이 어떻겠냐는 제안을 했다. 눈이 번쩍 뜨였다. 찬찬히 분석해 보니 양사가 공동으로 수주 전을 벌이면 공히 이점이 있었다. 우리는 핵심 부품만 공급을 하고 나머지 하드웨어는 고객사의 자회사가 공급을 한다면 원가를 획기적으로 낮출 수 있었다. 이렇게 하면 우리 매출은 줄어들지만 이익이 개선되고 수주 가능성이 올라가므로 충분히 고려해 볼만한 제안이었다.

곧바로 고객의 자회사의 본부장을 만났다. 이미 사전에 담당자 선에서 충분히 협의를 해 두었으므로 전략적인 제휴를 맺는데 어려움이 없었다. 문제는 고객사의 구매부였다. 이미 우리를 배제하고 나머지 업체들과 계속 기술평가를 해왔고 이미 평가를 끝낸 업체도 있었으므로, 끝물에 다시 경기에 뛰어든다는 점이 쉽진 않았고 저항이 만만치 않았다. 그래도 우리와 제휴한 업체가 고객의 자회사 아닌가, 차근차근 문제를 풀어나갈 수 있었다. 완제품(full scope)만을 판매해야 한다는 고정관념에서 탈피하여 핵심부품과 엔지니어링 기술만 공급하고 제휴사가 하드웨어를 공급하는 것으로 공급범위를 조정하여 공동으로 대응한 결과, 나머지 4개 업체를 물리치고 마침내 수주 할 수 있었던 것이다. 전략의 승리이다.

손자병법에 선승구전(先勝求戰)이란 말이 있다. 먼저 이겨놓고 싸운다는 뜻이다. 이순신장군도 먼저 승리할 수 있는 전략을 수립한 후에 싸웠고 승리하였다. 영업은 전략이다. 어떤 전략을 수립하느냐에 따라 승패가 결정된다. 영업 리더의 시각이 중요하다. 전략적 사고를 갖기 위해서는 먼저 프로젝트의 전체적인 그림(big picture)을 그릴 수 있어야 한다. 그러기 위해서는 고객의 구매 프로세스(buying process)를 이해해야 한다. 이를 이해하면 단계별로 전략을 수립해야 한다. 고객의 움직임과 경쟁업체의 동향을 살피면서 현장에서 즉각적인 대응을 해나가야 한다.

영업은 싸워서 이기는 것이라 생각한다. 맞는 말이다. 하지만 가장 낮은 단계이다. 그 다음 단계는 먼저 이겨놓고 싸우는 것이다.

이길 수 있는 여건을 먼저 만든 후에 싸우는 것이다. 그리고 이긴다. 아직도 이건 중급이다. 최고의 단계는 싸우지 않고 이기는 것이다. 이기기 위해서 반드시 싸움을 해야 하는 것은 아니다. 영업도 마찬가지다. 이런 영업 기법으로 전략적 고객관리(Strategic Account Management)라는 말을 쓴다. 이게 영업의 최고의 경지이다.

원 포인트 레슨 ▸▸▸ 싸워서 이겨라. 이겨놓고 싸워라. 싸우지 않고 이겨라. 이게 3대 영업전략 요점이다.

5

경쟁업체의 알짜 정보를 수집할 수 있는 3가지 비법

많은 영업직원들이 의외로 경쟁업체에 대해 무지한 경우가 많다. 연 매출이 얼마인지, 직원이 몇 명인지, 이익은 얼마나 내고 있는지, 어떤 신제품이 출시되었는지 관심이 없다.

경쟁업체에 대해 알아야 우리도 경쟁전략을 수립할 수 있다. 어떻게 경쟁업체 정보를 수집할 수 있는가?

제일 먼저, 고객이 최고, 최대의 정보원이다

고객 사무실의 책장 한쪽에 가보라, 경쟁업체의 최신 카탈로그에서부터 기술 자료집까지 무궁무진하다. 최신의 제품 정보나 실험 자료, 적용사례 등 당신이 필요로 하는 모든 자료는 고객이 가지고 있다. 고객과 원만한 관계를 유지하고 있다면 고객이 확보해 놓은 자료만 가지고도 경쟁업체를 분석하기에 넘치는 자료를 얻을 수 있을 것이다. 그럼에도 만약 고객이 가지고 있는 자료가 불충분하면 고객에게 요청하라. 어느 경쟁업체의 이러 저러한 자료가 필요하니 그쪽에다가 좀 요청해 달라고. 그러면 경쟁업체의 영업사원이 총알같이 해당 자료를 그 고객에게 가져다 줄 것이고 당신은 편안히 책상에 앉아 그 자료를 검토할 수 있을 것이다. 이런 수준의 부탁을 들어 줄만한 고객이 없다면, 처음부터 새로 시작하는 마음으로 영업을 해야 한다.

두 번째로 인터넷이나 전시회에서 공개된 자료를 얻을 수 있다

인터넷으로 한 번씩 경쟁업체의 이름을 적고 검색하는 것을 잊지 말라. 뜻하지 않게 중요한 정보를 얻는 일이 종종 있다. 이런 기회를 놓치지 마라. 경쟁업체가 인터넷 카페를 운영하는 수도 있다. 당연히 가입하여 정보를 획득하도록 한다. '사람인' 같은 구인구직 사이트에 가보면 회사 소개가 상세히 나와 있다. 최근에 어떤 직원을 모집하고 있는지도 알 수 있다. 기업공시 시스템인 DART(들어가면 경쟁업체의 재무관련 자료가 상세하게 입력되어 있다.

전시회를 가면 최신정보가 가득하다. 경쟁업체의 신제품을 감상할 수 있을 뿐 아니라 경쟁업체의 영업직원으로부터 상세하고도 친절한 설명까지 들을 수 있다. 신제품 카탈로그를 얻는 것은 기본이다.

세 번째 조금 시행하기 어려운 방법이긴 하지만 합법적으로 경쟁업체의 살아있는 최신 정보를 얻을 수 있는 길이 있다

경쟁업체 직원을 스카우트하거나 신문이나 인터넷 구인사이트에

구인광고를 내는 것이다. 상시적으로 구인 광고를 내다보면 경쟁업체에서 퇴직한 혹은 현재 근무 중인 사람들로부터 입사 지원 요청을 받게 된다.

이 기회를 놓치지 마라. 이미 이 사람은 자신이 다니는 회사 즉 우리의 경쟁업체로부터 버림을 받았거나 혹은 버림을 받을 가능성이 높은 사람이고, 그 업체에 환멸을 느껴 당신의 회사나 혹은 다른 회사로 옮기기를 원하는 사람이다. 법에 저촉되지 않는 범위에서 면접을 통해 가능한 한 많은 정보를 입수하라. 그 직원을 고용할 만한 가치가 있으면 고용하라.

마지막으로 주의를 기울여야 할 것이 있다.

여러분의 경쟁업체도 위와 같은 방법을 사용할 수 있다는 것이다.

여러분이 고객에게 전달한 중요한 기술 자료가 내일이면 경쟁업체의 책상에 가 있을 수도 있고 여러분의 동료나 부하직원이 경쟁업체에 가서 인터뷰를 하고 있을 수도 있다.

원 포인트 레슨 ▸▸▸ 정보가 생명이다. 고객으로부터 뒤통수 맞지 않으려면 늘 정보수집에 관심을 가져야 한다. 당신이 리더라면 직원들 관리도 얼마나 중요한지 알아야 한다.

6

경쟁업체를 귀찮게 하라

이나모리 가즈오 전 일본 교세라 회장의 저서 "불타는 투혼"이라는 책에서 그는 모든 것이 마음먹기에 달렸다는 것을 강조한다. 경제가 불황이라도 지지 말고 끝까지 맞서라는 말이다. 실적이 좋지 않은 원인을 불경기 때문이라고 둘러대지 말고 오히려 이런 경제의 악조건을 이겨내라고 충고하고 있는 것이다.

우리의 업인 영업에도 같은 원리가 적용된다,

실적이 부진한 이유가 경제 환경이 나빠서라든가, 우리 가격이 비싸서 라고 설명하면 100% 틀린 이유는 아니지만 그렇다고 맞는 이유도 아니다. 분명히 그런 영향을 받는 것은 틀림없지만 필요하고도 충분한 이유가 되지 않는다.

국가 경제나 세계 경제가 불황이어서 실적이 부진하다는 것의 근본 원인은 시장 자체가 줄어들었다는 것을 뜻한다. 단 줄어든 것이지 없어진 것이 아니기 때문에 제대로 된 실적부진 이유라고 할 수 없는 것이다. 하지만 그래도 이건 외부환경에서 기인된 문제이다.

우리 가격이 비싸서 매출이 저하되었다는 말은 고객은 여전히 필요로 하고 있는데, 경쟁업체에 밀려 영업을 못했다는 뜻이 된다. 더 큰 문제이다. 영업팀의 질적인 면에 문제가 있는 것이다. 즉 내부의 문제이다.

고객에게 기술제안서(technical proposal)를 포함한 견적서를 제출하고 나면 고객과 기술 사양을 협의하는 과정을 거치게 된다. 우리가 제시한 기술제안이 과연 고객이 원하는 사양과 일치하는지, 불일치한다면 변경이 가능한지 상호 협의를 통해 조정해 나가야 한다. 이렇게 업체들이 제출한 사양을 어느 정도 일치하도록 협의하면 고객도 업체들이 제출한 최종 가격을 서로 비교할 수 있다.

이 단계에서 경쟁업체를 귀찮게 만들면서 우리의 우월한 기술을 제대로 부각시킬 수 전략이 있다. 우리 기술은 무조건 경쟁업체보다 우월한 면이 있다. 우리 기술이 경쟁업체와 모든 면에서 우월하지는 않더라도 우리 기술이 타 업체에 비해 우월한 부분이 있다. 그 부분을 강조해야 한다. 그 우월성을 경쟁업체와 차별화 하여 고객이 우리에게 발주를 주도록 만들어야 한다. 고객이 우리에게 발주를 주기를 기다려서는 안된다.

어떻게 강조할까? 전략적으로 다가서야 한다.

❶ 우리의 우월한 부분에 대해 경쟁업체는 기술사양서에 어떻게 기술했는지에 대하여, 경쟁업체에 대한 의문과 기술적 우려를 담은 이메일(email)을 고객에게 보내야 한다.

고객은 구매부와 기술부, 현장 생산부, 정비부 혹은 프로젝트 팀 모두를 가리킨다. 담당자 한 사람에게만 보내면 우리의 요구를 그냥 묵살할 수도 있으므로 가능한 모든 관련자들에게 이메일을 보낸다.

❷ 답신이 오면, 계속 그 부분이 (우리는 우월하고 경쟁업체는 취약한 부분) 기술적으로 중요하다는 것을 강조하고 이 점이 잘못되면 전체 공정에 지대한 영향을 미치므로 경쟁업체는 이 부분을 보완해야 한다는 점을 고객에게 강조한다. 우리의 이런 요청에 고객이 기꺼이, 아니면 마지못해서라도 경쟁업체에 문의를 하여 답변을 받으려고 할 것이다.

❸ 고객이 경쟁업체에 기술적인 문의를 하면 그들은 어쩔 수 없이 답변을 해야 한다. 그 답변이 부실하면, 고객은 경쟁업체에 대해 불신감을 키우게 된다. 즉 우리에게 유리하게 된다. 경쟁업체의 답변이 고객이 원하는 대로 잘 될 수도 있다. 그 말은 경쟁업체의 원가에 추가 비용(cost impact)이 발생한다는 뜻이다. 즉 기술검토가 끝나고 나면 추가 비용을 산정하여 재견적을 할 가능성이 높아진다. 경쟁업체의 추가 비용이 많이 들면 들수록 우리에게 유리해 진다.

❹ 이렇게 우려를 제기하는 기술적인 사항이 많으면 많을수록 좋다. 경쟁업체는 고객이 자신들의 기술제안서를 검토하는 과정에서 의문사항을 가지고 있다고 생각하므로 어쩔 수 없이 답변을 해야 할 것이고, 우리가 그들을 귀찮게 하기 위해서 만들어 내고 있으리라고는 생각하지 못할 것이므로 우리는 안전하다.

우리가 직접 경쟁업체를 괴롭히거나 귀찮게 하는 것은 좋은 방안이 아니다, 고객을 이용하라. 계속 귀찮게 하라. 경쟁업체 직원의 실력이 부실하다면, 고객이 자꾸 이런 기술적인 면을 설명하라라는 이메일을 보내면, 몰라서 답변을 하지 못할 수도 있다. 귀찮아서 답변을 안 할 수도 있다. 또 고객이 계속 귀찮게 하므로 경쟁업체 내부적으로 아예 프로젝트 자체를 포기할 수 도 있다. 혹은 다른 더 중요한 프로젝트에 전념하기 위해 이번 프로젝트를 스스로 포기할 수도 있다.

이러한 고객을 귀찮게 하는 전략은 내가 존경하는 울산의 모 업체 사장님에게서 전수 받았다.

원 포인트 레슨 ▸▸▸ 사과가 나무에서 떨어지기를 기다리지 말라. 경쟁업체를 끊임없이 귀찮게 하라. 그들이 나가 떨어질 정도로.

7
우리 뜻을 관철시키는 두 가지 협상진행 방식

협상이란 어차피 양자가 서로 원하거나 주장하는 것이 완전히 충족될 수 없는 상황에서 발생된다. 둘 중에 하나가 양보하면 협상은 타결될 것이지만 양보한 쪽은 협상에 실패했다고 생각할 테니 모두가 만족하는 성공적인 협상을 이끌기는 결코 쉽지 않다.

협상의 시작부터 끝까지 어떤 방식으로 진행되는 것이 바람직할까?

(1) 착한 방식 – 서론 본론 결론 식

이 방식은 서론 부분에서 처음 대좌하여 서먹한 분위기를 깨기 위해(icebreaking) 날씨 얘기나 하면서 슬슬 서론을 꺼내고 다음 본론으로 들어가 협상할 안을 정리한다. 모든 이슈를 나열한 후 건건이 간단하게 언급하면서 서로 일치하지 않는 부분을 발견해 낸다.

사안별로 중요한 것부터 혹은 덜 중요한 것부터 차례차례 협의해 나간다. 결론 부분에서 모든 사안이 합의에 이르게 되면 다시 한 번 합의사항을 정리하여 서로 회의록을 남기면 된다.

서론 - 본론 - 결론 방식은 양측의 이견이 그리 심하지 않을 때 사용하면 좋다. 서로 적당히 양보할 수 있는 분위기라면 얼마든지 차근차근 협상에 임하여 결론을 도출해 낼 수 있을 것이다. 양측의 입장이 서로 완강하여 쉽게 양보를 이끌어낼 수 없는 상황이거나 견해차가 너무 커서 어느 한쪽이 극적인 양보를 하지 않는 이상 타결이 어려운 경우에는 이러한 서론 - 본론 - 결론 방식은 너무 착한 방식이어서 협상을 타결하기에는 많은 어려움이 있다.

(2) 나쁜 방식 – 기승전결(起承轉結) 방식

중국 한시 구성법의 한 가지로 기승전결(起承轉結)이란 방식이 있다. 첫 구에서 시의(詩意)를 일으키고 기[起], 둘째 구에서 그 의미를 확대시킨 후 승[承], 셋째 구에서 극적인 반전을 주고 전[轉], 넷째 구에서 전체를 마무리 결[結]하는 것을 가리킨다.

여기서 핵심은 반전시키는 세 번째 단계이다. 영화로 치면 반전의 묘미이다.

기승전결을 아주 난해한 협상에 적용해 보면 절묘하게 재미있다. 서로 쉽게 동의하거나 타협하기 어려운 경우 기승전결방식을 사용해 보면 나쁜 방식이긴 하지만 좋은 결과를 얻을 수 있다.

처음[起] 시작하면서 상대방과 함께 협상할 이슈를 정리한다. 큰 쟁점부터 작은 쟁점까지 하나하나 협상 테이블에 올려놓는다. 무엇이 쟁점인지를 서로 확인하는 것이므로 시작부터 흥분할 필요는 없다. 사소한 이슈들은 가벼운 마음으로 하나하나 정리 합의해 나간다. 하지만 가장 핵심적인 쟁점에서 논쟁을 피할 수 없는 상황에 놓이게 되는데 이 단계가 승[承] 단계로 가는 시점이다.

승[承] 단계가 중요한데, 이때는 상대방과 격렬한 논쟁을 해도 무방하다. 어차피 나쁜 방식이다. 쉽게 서로 합의할 수 없는 입장이므로 일부러 논쟁을 격하게, 감정까지 상할 정도로 자신의 입장을 강조한다. 양보 조건을 제시하면 안 된다. 어떠한 양보 카드도 없는 것처럼 보여야 한다. 죽기 살기로 우리측의 입장을 강조하고 모든 책임은 상대방에게 100% 다 있다는 것을 주장해야 한다. 이렇게 되면 분위기가 매우 고조되면서 상대방도 점차 격하게 쟁점사항을 부각시킬 것이다. 상대방이 우리의 주장을 받아들여서 자신들의 책임과 잘못을 인정하면 그걸로 협상을 종결시키면 된다. 우리의 주장을 인정하지 않는다면 서로 격렬하게 자신들의 의견을 주장할 것이고 끝도 없는 싸움이 된다. 앞서 [기] 부분에서 이미 얘기 했던 내용들을 다시 반복하여 주장하는 형국에 이른다. 계속 같은 쟁점과 논리로 했던 말 또 하고, 했던 말 또 하는 상황에 이르면 다음 단계로 넘어가야 한다는 신호이다.

다음 단계가 전[轉]인데 이때 그동안 감춰두었던 소위 히든카드를 꺼내어 극적인 반전을 일으켜야 한다. 극적인 반전을 일으키지 못하면 기승전결 방식은 허사이다. 극적인 반전을 일으키기 위해서 승 단계에서 우리의 양보 카드는 전혀 없다는 듯이 계속 우리의 입장만 강변한 것이다. 사용하는 타이밍도 중요하다. 앞서 얘기한 것처럼 서너 번 똑같은 주장을 서로 반복하고 있으면 어느 정도 시기가 무르익었다고 판단할 수 있다.

히든카드가 없으면 기승전결 방식은 의미가 없다. 히든카드란 우리가 미리 마련한 해결책 혹은 양보 안을 말한다. 히든카드는 협상 전에 우리 편끼리 모여서 미리 준비를 해야 한다. 어느 선까지 양보를 할 것인지를 득실을 따져서 결정한 후에 히든카드를 가지고 협상장에 나와야 한다. 히든카드 없이 끝까지 뻗대기만 하면 협상이 결렬될 수밖에 없다.

히든카드를 사용하여 전환단계가 이루어지고 나면 전혀 양보 카드가 없는 것으로 알고 있던 상대는 드디어 자기가 성공했다는 성취감과 함께 일종의 카타르시스를 맛보게 된다. 히든카드에 쓰여 있는 안을 받아들이게 되면 협상은 마지막 단계인 결[結]에 온 것이다. 서로가 수고했다, 고맙다는 말로 결론에 도달하게 된다. 결[結]에 도달하게 되면 차분히 다시 한 번 모든 쟁점사항에 대한 협상안을 정리한 후 협상을 완결한다.

기승전결 협상 방식의 실제 사례를 들어 보자.

거래업체와 과업을 수행하면서 원가 부문에서 약 2억 원 정도의 추가 비용이 발생하였다. 추가비용이 발생한 주원인은 거래업체에 있지만 당사로서도 이 손실을 무조건 몰라라 할 수 없는 상황이다. 우리에게도 일말의 책임이 있기 때문이다.

거래 업체에서는 1억 원 정도는 당사가 부담할 것을 요구하고 있다. 즉 50 : 50으로 손실을 부담하자는 조건이다. 이외에도 계산서 발급관계, 수금관계 등 여러 가지 보조 쟁점들이 있었다. 우리는 최소한의 부담만 감당하겠다는 전략이다.

거래업체가 은근히 우리를 위협하고 있는 카드는 만약 우리가 50% 비용 부담이라는 조건을 수용하지 않으면 현재 진행 중인 프로젝트를 아예 포기 하겠다는 것이었다. 이렇게 되면 우리는 고객과의 계약을 이행 못하게 되고 치명적인 손실을 받게 된다.

이 협상을 타결하기 위해 기승전결 방식을 사용하였다.

협상은 약 1시간에 걸쳐 진행되었다.

처음(기)부분에서는 먼저 과거에 논쟁이 되었던 점을 정리하였다. 또한 현재 서로가 원하는 것이 무엇인지를 다시 한 번 확인하였다. 오해가 있었던 점은 과거의 회의록을 찾아가며 쟁점을 정리하였고 몇몇 간단한 사안들은 바로 해결할 수 있었다.

점차 핵심쟁점에 접근하면서 (승)단계로 이행되어 갔다. 추가로 발생된 2억 원의 비용을 누가 부담해야 하는지에 대해서 서로 따지기 시작했다. 누가 얼마나 많은 책임이 있는지에 대해 약간의 고성이 오가고 우리는 당연히 한 치의 양보도 할 수 없다는 점을 강조하였다. 이러한 문제 발단의 원초적인 책임은 전적으로 상대방에 있다고 강조하였다. 여기서 순순히 업체의 의견을 받아주게 되면 결국 그만큼 우리가 비용을 부담해야 하는 것이다. 이때까지도 우리의 카드는 전혀 보여주지 않았다. 마침내 상대방도 우리의 양보카드가 없는 것으로 생각하게 되고 심히 흥분하며 우리의 주장과 조치가 얼마나 부당한지 입증하기 위해 노력하였다.

자신들의 주장을 강조하기 위해 했던 말을 계속 반복하는 극단적인 상황에 이르자 우리가 준비한 협상카드를 내밀었다. (전) "좋다. 우리의 과실은 전혀 없다고 보지만 그동안의 관계를 생각해서 30% 정도는 부담하겠다." 조금 전까진 한 치의 양보도 없을 듯 하던 우리 쪽에서 갑자기 일정 부분 인정한다는 양보카드를 제시하니 상대방은 흡족하게 되고 긴장은 급격히 해소되어 갔다.

"그렇게 해준다면 우리도 남은 프로젝트를 성심껏 수행하겠다." 이러한 말에 "그동안 정말 고생한 것을 우리도 잘 알고 있다. 끝까지 잘 부탁한다." 라고 화답하니[結] 모든 협상이 순조롭게 마무리되었다.

원래 그들은 50% 정도의 양보는 쉽게 얻어 낼 수 있을 것으로 기대하고 협상에 임하였으나 우리의 입장이 너무 완고하여 1%도 양보를 얻을 수 없을 것처럼 여겨졌다가 30% 정도의 양보안을 내어놓으니 이것이라도 받아들이자는 심정으로 협상이 타결 될 수 있었던 것이다.

만약 처음부터 30%라는 카드를 내밀고 협상을 했더라면 아마 그 중간선인 40% 아니면 50%에서 협상이 타결되었을 것이다. 하지만 [승] 단계를 통하여 갈등이 극단적으로 고조되다가 [전] 단계에서 제시된 30%는 대단한 양보로 여겨지므로 협상을 타결할 수 있었던 것이다.

원 포인트 레슨 ▸▸▸ 기승전결의 묘미를 느껴보자. 비즈니스 회의에서는 사용을 기피하는 기승전결식의 논리 전개가 협상에서는 아주 유용한 도구가 된다.

8
관급공사 기술 영업 실패 사례

관급공사는 일반 민간 기업으로부터 수주하는 것과 유사한 면보다는 다른 점이 많다.

수주하는 모든 과정마다 투명한 근거가 제시되어야 다음 단계로 진행이 된다. 감사에 대비하기 위해서이다. 구매는 공개경쟁 입찰에 의해 진행되고 수의계약에 의해 계약하는 경우는 극히 제한적이다.

국내의 모 공사(公社)에서 입찰이 있었다.

국내 최초로 신 공법을 이용한 공사였다. 우리 회사도 입찰에 초대를 받았다. 입찰 방식은 '제한 경쟁 입찰'이었다. 관급 공사에서 자주 사용되는 구매 방법 중의 하나이다. 어떤 물품 구매나 공사를 자유 경쟁 입찰로 공고하면 막말로 대한민국의 모든 업체들이 하겠노라고 달려들게 된다. 심할 때는 수천 대 일의 경쟁률을 보이기도 한다. 발주처는 응찰하는 수많은 업체들을 일일이 다 검토해야 하는데 시간과 비용을 간소화하기 위해 어느 정도의 자격을 갖춘 업체만이 입찰에 참가할 수 있도록 제한하는 입찰 방법이 제한 경쟁 입찰이다.

이 건은 국내외에서 일정 규모 이상의 유사 사업 실적이 있어야 한다는 것이 제한조건이었다. 우리 회사는 이 제한조건에 부합하였으므로 입찰 설명회에 참가하였다.

입찰 공고가 나면 일정이 제시되는데, 입찰 설명회를 열도록 되어 있고 입찰 설명회에 참가하지 않은 업체는 입찰 참가를 못한다는 단서를 달기도 한다. 입찰 설명회에 참가한 업체는 우리를 포함하여 두개뿐이었다. 단순 승률로 본다면 50%의 확률이다. 입찰 설명회는 일사천리로 진행되었고 몇 가지 질문을 받은 후 추가 질문이 있으면 담당자에게 이메일을 보내라고 했다. 상대 업체는 전혀 질문이 없었다.

상대 업체도 입찰 참가 조건을 충족시키고 있었다. 왜냐하면 약 1년여 전부터 이 발주처의 협조아래 자신들의 신 공법을 국내의 한 시설에서 실험하였던 것이다. 묘하게도 입찰 참가 제한 자격에서 제시된 사업 실적이 이 실험 규모보다 조금 작은 규모였다. 이 업체는 참가 자격을 충족시켰고 우리는 해외의 실적이 있었으므로 자격을 충족시켰다.

입찰 서류를 준비해야 하는 일정이 매우 빠듯하게 주어졌다.

국내의 업체를 수소문하여 본 공정을 제외한 전, 후 공정에 대한 견적을 준비하였고 주 공정은 엔지니어링부서에 설계를 의뢰하면서 견적을 만들어 나갔다. 관련 제출 자료가 도면을 비롯하여 장난이 아니다. 대개 관급공사의 입찰서는 엄청난 자료를 필요로 한다.

두꺼운 책이 한권 만들어 진다. 경우에 따라서는 한권이 아니라 두 세 권이 되기도 한다. 자료준비가 하도 힘들어 경쟁업체에게 슬쩍 연락을 해보니 자기들도 준비가 전혀 되지 않았다고 엄살을 떨었다. 나중에 보니 그들은 우리보다 먼저 제안서를 접수시켰다.

설계부서의 협조가 생각처럼 잘 되질 않아 우리 담당자는 엄청난 고통을 겪었다. 입찰 마감 날보다 하루가 더 지나서야 모든 입찰 서류가 준비되었다. 공사 측에 미리 양해를 구했으므로 가까스로 제안서를 제출할 수 있었다. 수십억 원의 엄청난 프로젝트 제안서가 만들어 졌다.

열흘이 지난 후 공사 측으로부터 연락이 왔다. 두 업체의 견적이 모두 예산을 초과했으므로 재입찰에 붙이기로 한다는 것이었다. 최대한 가격을 낮추려고 모든 견적사항을 하나하나 검토하였으나 공사에서 제시한 목표가를 맞출 수는 없었다. 그래도 최선을 다해 더 이상 낮출 수 없는 가격까지 만든 후 다시 제출하였다.

일주일 후 공사 측으로부터 다시 공문이 왔다.

"귀사는 적격업체로 선정되지 않았음을 알려드립니다."

수주에 실패한 것이다.

원 포인트 레슨 ▸▸▸ 관급공사 수주는 일반 민간업체와는 전혀 다른 영업 방식이므로 따로 공부해 주는 것이 필요하다.

9

관급공사 수주의 특징

조금 복잡하지만 어디서부터 잘못된 건지 하나하나 따져 볼 필요가 있다.

제일 먼저 주지해야 할 사항으로는 우리가 늦었다는 것이다.

입찰공고가 나기 직전에 입찰에 초대를 받았다는 것은 이미 경쟁업체가 침(?)을 발라 놓았다는 것을 뜻한다.

공사의 실무 담당자가 어떻게 신공법을 국내에서 처음 적용할 것을 결심할 수 있겠는가, 그것도 공사(公社)에서. 공사에서는 거의 불가능하다. 공공기관이란 워낙 보수적인 곳이라 이미 검증된 기술이 아니면 사용하지 않는다. 민간에서 먼저 사용해보고 문제가 있는지 없는지 확인하고 또 문제가 있는 기술이라면 어떻게 보정이 되었는지 확인하고 더 이상 문제가 없다고 검증이 되었을 때 공사에서 도입하는 것이다.

민간에서 아직 사용도 해보지 않은 기술을 관에서 처음 도입한다고 할 때는 이미 어떤 업체가 찰싹 달라붙어 처음부터 끝까지 구매사양서(입찰 사양) 작성을 도왔다는 뜻이다. 모든 구매 사양은 경쟁업체의 장비를 기준으로 작성되어 있는 것이 분명하며 우리는 기술 검토에서 이미 상당한 점수를 잃을 수밖에 없도록 판이 짜있는 것이다. 이러한 짜고 치는 고스톱 판에(표현이 너무 막말이긴 하지만) 단지 우리가 입찰에 초대 받았다고 해서 기뻐하면 이건 너무 순진한 거다. 이럴 경우 수주를 할 수 있는 유일한 방법은 마진을 포기하고 터무니없이 낮은 가격을 제시하는 길 밖에 없다.

일반 공개경쟁 입찰이 아니고 제한 경쟁 입찰이므로 일반 업체는 아예 입찰에 참가할 자격도 주어지지 않는다. 먼저 작업했던 업체들이 자기들에게 유리하도록 이미 입찰 참가 자격을 제한하여 공고하기 때문이다.

두 번째로 공사에서는 이미 경쟁 업체의 기술을 지난 일 년 동안 모의시설을 만들어 실험했었던 것이다. 기술적으로 문제가 없다고 판명이 나서 구매를 하려는 것이다.

우리는 일 년 전 실험할 때조차 초대받지 못했다. 만약 담당자가 우리 기술에도 관심이 있었다면 실험할 때 우리를 불렀어야 한다. 이런 실험에 들어가는 모든 비용은 업체가 100% 감당해야 한다. 관에서는 실험 장소와 동력(전기, 수도 등등) 만을 무상으로 제공해 주고 실험 장비 제작비용이나 실험에 소요되는 비용은 지원하지 않는다. 실험이 성공하든 실패하든 전적으로 업체 부담이다. 실험에 자신이 없는 업체는 처음부터 포기하게 된다.

아마 실험 단계에서 우리가 초대 받았다고 해서 실험에 과연 참가했을까는 의문이다. 결과적으로 본다면 당연 참가했어야 했겠지만 들어가는 비용을 생각해 본다면 결코 만만치 않으므로, 쉽지 않은 결정이었을 것이다.

세 번째로 이런 핸디캡을 무릅쓰고 구매 입찰에 참가하겠다고 할 때는 비상한 각오를 해야 한다. 달리기 시합에서 상대편은 벌써 출발을 했는데 뒤늦게 출발선상에 서서 달리기를 한다면, 더구나 이겨야겠다고 생각한다면 죽을 각오를 하고 시합에 임해야 한다.

기술적인 탁월성을 입증하기 위해 비록 실험에 참가하진 못했지만 다양한 근거 자료를 준비해야 한다. 또한 영업적으로 지난 일 년 동안 경쟁업체는 담당자들과 짝짜꿍이 되어 있으니 이걸 뚫고 들어가려면 얼마나 많은 영업적인 노력이 필요하겠는가. 이 모든 것을 감당할 준비가 된 자만이 비록 늦었지만 입찰에 참가해야겠다는 결심을 할 수 있는 것이다. 담당자와 인간관계를 넓혀야 하고 누가 의사결정자인지 확인하여 이쪽도 깊은 관계를 형성해야 한다. 흔히 하는 말로 그 집 부엌에 숟가락이 몇 개 있는 지까지 다 알아야 비로소 수주할 기본 자격이 갖추어져 있다고들 하는데, 얼굴 보고 인사만 했다고 아는 사이라고 생각해선 오산이다. 담당자 집 앞에서 출퇴근을 같이 해야 한다. 정상적인 경우라면 이럴 필요는 없지만 이미 우리가 늦었으므로 물불 가릴 수 있는 형편이 아닌 것이다.

원 포인트 레슨 ▸▸▸ 입찰에 초대 받아놓고 입찰 서류만 잘 준비하면 수주할 수 있다고 믿는다면 90% 이상의 확률로 우리는 실패하고 만다.

10
관급공사 점수 배점표

관급공사와 같은 프로젝트 수주를 위해서는 기술평가를 비롯한 점수 배정을 정확히 이해해야 한다. 기술 검토와 함께 가격을 포함한 업체 평가표를 사전에 제시해 주는데 어떻게 점수 배정이 되는지에 따라 당락이 엇갈리게 된다.

일반적으로 기업에서 입찰로 구매를 하는 경우는 먼저 구매 사양서에 의거 입찰 참가 업체들의 기술적인 부분을 검토하고 이상이 없으면 가격비교를 하게 되고 대개 가격이 낮은 쪽으로 발주를 하게 된다. 소위 관급공사의 최저가 입찰제와 비슷한 형태이다.

'국가를 당사자로 하는 계약에 관한 법률'을 보면 관급공사일 때는 최저 입찰제 외에 제한 입찰제라는 게 있다. 이때는 가격이 구매 결정의 한 요소일 뿐 전부는 아니다. 입찰에 참가하는 업체의 전반적인 사항을 모두 평가해서 최종 낙찰자를 결정하게 되는데 업체 점수 평가표에 대한 한 가지 예를 들면 다음과 같다.

❶ 기술적인 성능평가(30점)

- 장비의 성능
- 장비의 신뢰성, 내구성

❷ 공정 평가(10점)

- 목표 성능을 달성할 수 있는 설비 공정의 적정성 평가
- 보수 유지의 용이성 및 비상시 대처 기능

❸ 기술 이전 요소(10점)

- 설계의 기본적 데이터 제공 전수
- 공정 설계의 운전 기준 자료

❹ 공급 실행(5점)

입찰 참가 업체의 공급 수행 능력

❺ 가격 및 성능 조건(30점)

- 설비의 가격
- 성능 보장 조건

❻ 실적 조건(5점)

❼ 업체의 재무 건전성(10점)

위 점수 평가표를 보면 5번만 가격에 대한 점수가 배정되어 있다. 즉 가격이 차지하는 비중은 30% 미만이다. 만일 경쟁업체보다 가격이 높다 하더라도 다른 부분에서 점수를 더 얻을 수 있다면 싸워볼 만한 것이다. 반대로 기술적으로 큰 차이가 없다면 가격 차이에 의해 공급업체는 결정될 것이다. 현실적으로 기술의 평가 척도는 대부분 추상적이어서 점수 차이가 높지가 않다. 대체로 비슷한 점수를 받는다. 결국 가격 차이에서 순위가 결정되는 수가 많다.

업체 점수 평가서는 정형화되어 있지 않고 해당 프로젝트의 특성에 따라 발주처에서 작성하여 입찰 공고 후 발표하게 된다. 발주처에서 점수 평가서를 어떻게 구성하느냐에 따라 수주 여부가 갈리게 된다.

성공 수주 전략은 어떻게 수립해야 하는가?

무엇보다 자사가 잘 할 수 있는 부분에 많은 점수가 부여되도록 하고 자신 없는 부분의 점수는 낮게 반영되도록 사전에 발주처와 긴밀히 협조해야 하는 것이다. 입찰 참가 조건에 제약을 두는 것도 좋은 방법이다. 경쟁업체에는 없는 우리 공법이나 차별되는 기술의 특징을 첨가하여 많은 점수를 배점하거나, 이런 조건을 충족하기 못하는 경우 아예 입찰 참가 자격을 주지 않는 것도 좋은 전략이다. 실적 조건으로 입찰 참가를 제한하는 것이 흔히 쓰는 방법이다. 이 점이 관급 수주 전략의 가장 중요한 점이다. 저가로 응찰하는 업체를 사전에 배제할 수 있는 유일한 방법이다.

이렇게 되려면 기술적으로도 고객으로부터 신뢰를 받아야 할 뿐 아니라 영업적으로도 밀접한 관계를 유지하여야 하는 것이다. 이런 과정을 거치지 않고 단지 다른 업체가 이미 만들어 놓은 판에 들어가서 돈 따보겠다고 하는 것은 칼만 안 들었지 거의 강도나 다름없다고 봐야 한다.

원 포인트 레슨 ▸▸▸ 수주는 우리가 처음부터 고객과 함께 만들어 가는 것이다. 미리 이런 점까지 예측하고 프로젝트를 진행하는 것이 수주 전략이다.

11

대리점은 고객이 아니다

대리점 관리의 문제점은 크게 두 가지이다.

대리점과 관계가 너무 친밀하고 가까워서 생기는 문제와 그 반대로 시시콜콜 서로 부딪히고 대립하는 갈등 관계여서 생기는 문제이다.

갈등 관계부터 해소 방안을 살펴보자.

가장 일하기 편하고 상대하기 쉬운 업체가 대리점이라고 생각할 수 있다. 고객과는 갑과 을의 관계도 염두에 두어야 하므로 여러 가지 스트레스를 받게 되지만 대리점이야 맘대로 할 수 있다고 여길 수도 있다. 대리점이 내 뜻대로 쉽사리 움직여 주는 것은 아니다. 갑질(?)도 그렇게 쉽게 할 수 있는 것은 아니다.

우리 회사와 10년 이상 오랫동안 같이 일하는 대리점이 있다. 사장님도 훌륭하고 사업에 대한 식견도 탁월해서 같이 일하는 데 호흡이 잘 맞았다. 사업도 순조롭게 성장하였다.

본사에서 공급한 설비에 기술적인 문제가 자주 발생하면서 대리점과의 관계에 조금씩 금이 가기 시작했다. 처음에는 서로 협조하는 차원에서 대리점에서 상당한 비용을 부담하면서 문제를 해결했다. 설비의 문제점이 계속 발생하자 대리점에서는 공급계약서의 조항을 거론하기 시작했다. 품질 보증에 대한 얘기도 나왔다. 납기가 늦어지면 납기 지연에 따른 벌과금 즉 지체상금도 거론하더니 정식으로 지체상금을 내라고 본사에 요구를 해왔다. 점점 대리점 관계가 악화되기 시작하였다.

대리점이 스스로 고객이라고 믿기 시작하면 잘못된 만남이 된다. 본사는 갑(甲)이고 대리점은 을(乙)이라고 영업직원이 믿기 시작하면 또 다른 잘못된 만남이다. 둘 다 틀렸다.

대리점은 고객이 아니다. 본사가 갑(甲)도 아니다.

대리점은 본사의 연장된 영업조직이다. 비록 같은 법인은 아닐지라도 공동의 목표를 위해 노력하는 같은 회사의 서로 다른 부서라고 생각해야 한다.

이렇게 서로의 관계성을 확립하고 나면 문제 해결이 한결 쉬워진다.

같은 회사의 다른 부서간 모임이 되어야 하고, 서로 협조하며 문제에 대한 해결 방안을 찾을 수 있는 것이다.

원 포인트 레슨 ▸▸▸ 대리점은 고객도 아니고 나의 부하 직원도 아니다. 대리점은 본사의 또 다른 영업 조직이다. 같은 회사 안의 다른 부서라고 생각하자.

12
대리점이 필요한 5가지 이유

고객을 공략하는 루트를 어떻게 구축할 것인가? 마케팅 용어로 마켓경로(Route to market)라고 한다. 크게 세 가지로 나눈다. 하나는 직접 판매(직판, Direct sales)이고 다른 하나는 간접 판매(대리점 판매, indirect sales)이고 마지막으로 혼합형이다.

직접 판매방식을 채택하면 시장을 개발 확대시키기엔 제일 유리하다. 자사의 직원이야말로 회사에 대한 충성심이 제일 강하고 개인의 이익이 회사의 이익과 직접 연결되므로 일사불란하게 회사의 이익을 위하여 조직을 가동할 수 있다. 중장기적인 마켓 개발도 가능하다. 이러한 장점과 달리 단점도 있다. 제일 비용이 많이 드는 마켓루트이다. 직접 직원을 고용해야 하고, 교육훈련도 시켜야 하므로 인건비 부담이 높다. 이 비용을 줄이면서 시장을 확대할 수 있는 방법이 대리점을 활용하는 것이다.

간접 판매 방식인 대리점을 잘 활용하면 몇 가지 이점이 있다.

첫째 대리점이 보유하고 있는 영업망을 이용하면 적은 비용으로 단기간에 마켓을 확대시킬 수 있다

특히 동일한 산업에 비즈니스 라인을 보유하고 있는 대리점이라면 자사의 제품을 대리점의 기존 영업 라인에 하나 더 추가하면 되니까 별다른 부담 없이 쌍방 모두 승승(win-win)할 수 있다. 자금력이 부족한 메이커라면 처음부터 대리점을 이용하는 것이 손쉽게 마켓을 확장할 수 있다. 단점은 메이커의 영업력이 부족하므로 시장이 확대되면 될수록 대리점에 휘둘리는 형편에 처하게 된다. 가격인하 요구에 어쩔 수 없이 응해야 하거나, 적절한 보상을 못해 주는 경우 대리점에서 다른 메이커로 갈아타겠다는 협박도 받을 수 있다.

둘째 기존 대리점이 보유하고 있는 대 고객관계의 친분을 바로 이용할 수 있으므로 경쟁업체와의 경쟁에서 유리한 고지를 점할 수 있다

영업을 하다 보면 품질이나 기술과 같은 문제 외에도 전혀 예상치 않았던 납기 지연이라든가, 제품의 포장 문제 등 어처구니없는 문제들이 발생한다. 고객과 가장 가까이에 있는 대리점이라면 이런 문제가 더 커지기 전에 조용히 해결해 줄 수 있다.

셋째 본사 자체에서 직접 고객과 해결하기 어려운 점들도 제3자의 입장에서 해결해 줄 수 있다

영업의 우군이 하나 더 생긴 것이므로 영업력이 배가될 수 있다. 반면에 대리점의 불법적인 또는 탈법적인 영업 행위 때문에 본사의 이미지가 추락하는 경우도 있다. 특히 관이나 국영기업체를 상대로 하는 비즈니스에서는 접대 등 여러 가지 법적인 제한이 뒤따르게

되는데 이를 무시하여 사고를 치는 경우도 있었다. 대리점 관리를 제대로 해야 하는 것이다,

넷째 본사의 영업인력을 충원하지 않아도 대리점의 영업인원이 영업력으로 추가 되므로 본사의 정책이 신규 직원 채용을 더 늘리지 않으려고 하는 경우에 잘 활용할 수 있다

혼합형도 유용한 방법이다.

고객에 대한 정성이 많이 필요한 주요 고객에 대해서는 직접 판매를 하고 연 매출이 별로 크지 않는 고객들은 지역별로 묶어서 대리점에 배당하는 것이다. 제품별로 구분할 수도 있는데 기술적인 지원이 많이 필요한 제품의 경우 본사 직원이 직접 판매를 하는 것이 더 효율적이지만 표준품이고 기술적인 격차가 그리 크지 않는 제품군은 대리점이 인맥을 이용해서 판매하는 것이 더 효과가 좋다.

어떤 루트를 선택하느냐는 제품이나 마켓의 특성에 따라 다르다.

일반적으로 추천한다면 처음 마켓을 개발 할 때는 가능하면 직판을 하는 것이 낫다. 어느 정도 매출이 발생하면 대리점을 확보하는 것이 좋다. 대리점에서는 아무래도 리스크를 줄이고 안전하게 가려는 특성이 있으므로 처음 시장 개척은 사명감 투철한 자사 직원을 통하는 것이 낫고, 개발된 시장관리는 대리점에서 하는 것이 유리하다. 제품의 특성이나 시장의 조건에 따라 장단점을 잘 살펴 결정하는 것이 좋다.

마지막으로 대리점을 시장 경로(route to market)로 선호하는 또 하나의 숨겨진 이유가 있다

본사에서 근무하다가 그만 두는 직원들이 있다. 다른 회사로 전직

하기도 하지만 개인이 사업체를 차려 독립하기 위한 열망이 있는 직원들도 있다. 이런 직원들에게 지역대리점이 되라고 권유를 한다. 직원들은 본인이 취급하는 아이템이라 신규 사업에 따른 위험이 없고 이미 회사의 입장을 잘 알고 있으므로 별도의 교육이 필요 없어 회사도 유리하다. 승승(win-win)이 되는 것이다. 자신이 열심히만 하면 대리점권을 받을 수 있는 가능성이 있으므로 더 열심히 일하게 된다.

자사에서 근무하는 사람들이 대리점 사장으로 나가게 되면 자사 직원들의 울타리 노릇을 해주기 때문에 늘 푸근한 직장을 만들 수 있다. 이것이 나의 이론인 '울타리론'이다. 울타리는 두터우면 두터울수록 안에 있는 사람이 잘 보호된다.

수년 전에 미국 본사에서 미국에 있는 직원들의 구조조정을 감행하였다. 감원조치를 시행했지만 실질적으로 직장을 잃은 직원은 없었다. 미국 본사의 영업 총괄 사장이 각 주별로 있는 대리점 사장들에게 일일이 전화하여 구조 조정된 인원을 대리점에서 흡수하여 주도록 부탁하였기 때문이다.

이러한 울타리론의 가장 큰 함정은 '윤리 규범 준수' 문제이다. 본사의 모든 정책과정이나, 의사결정과정, 제품의 원가 등 모든 내용을 속속들이 아는 사람이 대리점에 있다 보면 윤리 규정을 위반 할 수 있는 여지가 많이 있다. 이 문제를 적절히 엄격히 통제한다는 전제하에 대리점을 두는 것이 여러모로 유리하다.

원 포인트 레슨 ▸▸▸ 대리점이 우리의 울타리이다.

13
대리점 관리 3원칙

대리점을 두고 영업을 하는 리더는 대리점 관리가 매우 어려운 일임을 알고 있을 것이다. 대리점이 나의 고객인가? 아니면 내가 부리는 머슴인가?

이거 아주 정의하기 곤란하다. 대리점과의 애매한 관계 중에 이런 것도 있다.

대리점 사장과 같이 식사를 하게 되면 대리점 사장이 식대를 내는 경우가 더 많다. 대리점 사장은 자기 돈 써서 식사 대접하는 것으로 생각한다. 본사 직원은 반대로 생각한다. 원래 본사의 이익에서 대리점에게 마진을 준 것이므로 결국은 본사의 돈이라고 생각한다.

대리점 사장은 자기가 밥 사니까 본사 직원이 자신에게 고마워해야 한다고 생각한다. 본사 직원은 본사 덕분에 대리점 사장이 먹고 사니까 본사에 늘 고마워해야 한다고 생각한다. 동상이몽이다.

나는 처음에 무역대리점업체에서 기술영업을 시작하였다. 5년이 지난 후 미국 본사에서 한국 현지법인을 설립하기로 결정하였고,

현지법인이 설립된 후에 이쪽으로 입사하여 신분이 바뀌어 근무를 하게 되었다. 대리점에 근무한 경력이 5년이나 되고 이후에는 본사 입장에서 여러 개의 대리점을 관리해본 경험이 있는 터라 대리점 관리에 대해서는 나름대로 확신이 있다.

대리점 관리 3원칙을 제시한다.

제1원칙 대리점을 사랑하라(Love distributor)

대리점을 사랑하라. 피엘 술피스(Pierre Sulpice) 프랑스 사부님이 전해 주신 말씀이다.

이보다 더 간단하고 명료한 표현이 있을까? 본사와 대리점 관계는 부부관계와 흡사하다. 대리점과의 관계는 상호 신뢰와 협력이 전제 되어야 한다. "누가 먼저 사랑할 것인가" 라는 질문에 대한 대답은 "본사가 먼저 대리점을 사랑해야 한다."이다.

대리점이 잘 되어야 나도 잘 된다는 의식을 늘 잊지 말아야 한다.

한 배를 타고 있다는 동류의식이 중요하다.

대리점에 근무하는 직원들의 처우는 대개 본사 직원들보다 취약한 면이 있다. 대리점 사장이야 사업이 잘 되어 돈을 많이 번다 하더라도 대리점에서 일하는 직원들의 근무 조건은 아무래도 본사 직원들보다는 떨어지기 마련이다. 새로운 사업부를 맡으면서 대리점과 일하게 되었다. 예상대로 대리점 직원들의 처우가 열악하였다. 추석이 다가올 때 대리점 영업 직원들에게 갈비를 선물로 보냈다. 한우는 비싸서 못 사고 수입갈비를 백화점에서 배송을 시켰다. 대리점 직원들의 사기가 얼마나 충천했겠는가. 말단 직원들은 이런 것 처음 받아 본다고 나에게 고마움을 표시했다. 이후에도 이 사업부를 맡는 동안 추석이 되면 대리점 직원들에게 갈비를 선물하였다.

제2원칙 행동은 같이해야 한다(Go together)

대리점과 본사는 마치 운동회에서 두 사람이 맞닿은 다리를 묶고 세 발처럼 뛰는 경기, 이인삼각 경기와 같다. 달리기를 잘하는 사람의 입장에서는 함께 달리는 것이 불편하고 거추장스럽기만 할 것이고 달리기를 못하는 사람의 입장에서는 함께 달리는 것은 너무나 힘든 일이 될 것이다. 같이 호흡을 유지하고 같은 구령으로 속도를 맞추는 팀만이 2인3각 경기에서 승리할 수 있다.

대리점과 본사는 각각 자신이 잘하는 점이 있다. 본사는 기술적인 측면에서 많은 자료를 가지고 있을 것이며, 대리점은 영업망 즉 고객과의 인간관계에서 본사직원보다 훨씬 더 많은 정보를 가지고 있을 것이다. 고객에 대한 정보를 공유하는 입장에서나 본사의 기술 자료를 공유하는 관점에서 언제나 늘 상대방을 배려하고 같은 속도(same speed)를 유지해야 한다는 점을 기억해야 한다.

대리점에서 말단 영업 직원으로 근무하던 시절에 정보공유라는 문제로 본사 직원과 많은 어려움을 겪었다. 영업을 하기 위해서는 기술 정보가 필요한데, 본사 직원은 한사코 이를 비밀로 여기고 잘 전달해 주지 않았다. 많은 기술 자료를 보유하고 있는 것이 스스로 자랑스럽겠지만 이를 대리점 직원과 공유하지 않는다면 부가 가치를 창출할 수 없는 것이다. 본사 직원이나, 대리점 직원은 먼저 가지도 말고 뒤쳐지지도 말라. 2인3각 경기를 하고 있다고 생각해야 한다.

제3원칙 너무 가까워도 너무 멀어도 안된다 원칙을 지켜라(Keep the rule)

너무 가까워서도 안 되고 너무 멀어서도 안 된다.

관계가 멀어지면 당연히 문제가 생긴다는 것은 쉽게 알 수 있지만, 너무 가까워도 문제가 될 수 있다는 점은 한번 강조를 해야 할 부분이다.

부부유별(夫婦有別)이라는 말의 깊은 뜻을 잘 알고 있을 것이다. 삼강오륜의 하나로서 부부간에도 서로 침범치 못할 인륜의 구별이 있다는 말이다. 가까우면 가까울수록 법도와 예의를 지켜야 한다는 것이다. 무턱대고 제1원칙에 충실하다 보면 대리점과 본사의 관계가 아닌 친한 친구나 형님동생 같은 관계로 변하게 된다. 같이 골프도 치고 식사도 하고 이러다 보면 인간적으로 깊은 유대를 맺게 되고, 친밀한 관계를 유지하다 보면, 할 말을 제대로 못하는 되는 경우가 많다. 미수금이 쌓이기 시작하여도 매몰차게 회수를 하지 못하고 그냥 넘어가다 보면 결과적으로 회사에 큰 손실을 입힐 수 도 있다. 대리점이 부도가 날 지경이 되어도 이를 미처 파악하지 못하고 그놈의 정 때문에 달라는 대로 물건을 내려 보내 주었다가 부도를 맞아 낭패를 당한 영업 팀들이 얼마나 많은지 모른다.

요즘 부각되는 또 다른 문제는 윤리 규범 준수(code of conduct)

이다. 자칫하면 도덕적 해이에 따른 윤리 규범(compliance)문제를 일으킬 수 있다. 본사 직원이 대리점으로부터 리베이트를 받고 물건 값을 비정상적으로 할인해 주는 행위가 대표적인 것이다. 반대로 본사 직원이 대리점 사장에게 리베이트를 요구하는 경우도 있다. 둘 다 은밀하게 이루어진다. 관리자 입장에서 이 부분은 늘 날을 세우고 지켜보아야 한다.

원 포인트 레슨 ▸▸▸ 사랑하지만 가깝고도 먼 관계를 유지해야 한다. 건강한 긴장관계가 가장 바람직하다. 대리점과 본사간의 유별함을 잊으면 안 된다. 돈을 따르지 말고 룰(원칙)을 따르라.

14
대리점 살리기

특정 지역의 마켓 개발을 위해 대리점을 선정하여 계약했다.

대리점 사장은 탁월한 영업 실적을 보였던 분이라 더 이상 검증이 필요 없었다. 엔지니어 출신이라 기술적인 지식이 높아 여러 가지로 유리하였다. 본인으로서도 당시에 하던 일보다는 더 사업성이 있다고 판단하였으므로 하던 일을 접고 대리점으로 함께 일하게 되었다. 서로가 좋았다.

지역에 대리점 사무소가 생기니 우리 직원들도 매우 편리하게 이용할 수 있었다. 과거에는 출장을 가도 연락을 하거나 인터넷을 편하게 사용할 수 있는 곳이 없어 자료를 주고받기가 쉽지 않았으나 마치 우리 지역 사무소처럼 이용할 수 있으니 업무의 효율도 증대되었다. 지역의 매출도 순조롭게 증가되었고 대리점 사장은 그동안 사업하면서 쌓여있던 빚도 조금씩 청산할 수 있었다. 우리 직원들이 출장을 가면 대리점 직원들이나 사장과 함께 식사도 하고 여흥도 즐길 수 있는 좋은 분위기로 발전되었다. 모든 것이 순조롭게 돌아가는 듯했다.

사업이 잘 되니까 방심한 걸까, 점점 업무에 소홀해지기 시작했다. 고객과 접대를 한 다음날은 전날의 과음으로 인하여 아예 오전에는 업무가 진행되지 않는 날이 많았다. 휴대폰으로 전화를 해도 받지 않을뿐더러 툭하면 잠수해버리니 업무에 불편함이 가중되기 시작했다.

실제 문제는 재정 부문에서 발생하기 시작했다.

본사로부터 물건을 받아 고객에게 납품하면 대개 14일 이후에 고객으로부터 현금으로 물품 대금을 받았다. 본사로 그 대금을 송금하는 조건은 세금 계산서 발행 후 90일이었다. 그 차이 나는 기간 동안 통장에 돈이 있게 된다. 대리점의 마진을 제외한 자금은 본사로 그대로 입금되어야 하는데 당장에 통장에 돈이 있으니 이를 전용하기 시작했다. 본사로 송금해야 할 대금 결제가 연체되기 시작하였다. 물품 대금 입금이 연체되면서 본사의 회계부에서도 점차 제동을 걸기 시작했다. 본사에서는 대금을 먼저 송금하지 않으면 물품 출고를 미루는 상황까지 갔다. 겨우 겨우 입금을 시켜 나가면서 위태로운 상황이 계속되다 결국 두 손을 드는 상황까지 가버렸다. 대리점 직원들의 급여까지 지급하지 못하게 되었다.

해결 방안을 모색하였다.

본사에 연체된 금액이 이미 수천만 원이고 앞으로 연체될 예상금액까지 산정하니 결손금이 1억 원이 넘는 규모가 되었다.

대리점을 살릴 것인가 아니면 죽일 것인가?

워크아웃(work out)으로 가느냐 아니면 지금까지의 손해로 마무리하고 대리점 계약을 해지하느냐. 앞으로 살아날 회생가능성이 있다면 연체된 금액을 유예해 주고라도 살리는 것이 바람직하지만, 만에 하나 살아나지 않는다면 지금 당장 연체된 금액뿐 아니라 앞으로도 계속 연체될 금액까지 모두 결손처리 될 것이다. 살리느냐 죽이느냐에 대한 해법을 찾는 것이 매우 어려운 의사결정이었다.

심사숙고 끝에 대리점을 살리기로 했다.

가장 큰 이유 중의 하나는 시장 상황이 좋기 때문에 매출은 계속 확대될 것으로 판단했고 대리점 사장의 허술한 재정관리에서 비롯된 위기이므로 이 점만 바로 잡는다면 살아날 가능성이 있다고 판단한 것이다.

과거와는 다른 대리점 관리방안이 필요했다.

먼저 대리점의 현금 출납을 직접 통제하기로 했다. 본사에서 출납을 총괄하면서 필요 최소 소요경비만 송금해 주었다. 기존의 유능한 영업 담당 직원은 회사를 떠날 수밖에 없었고 여직원 한명만 남았다. 모든 영업을 대리점 사장 본인이 직접 발로 뛰었다. 영업부와 회계부, 총무부와 합작하여 시행한 대리점 회생 계획은 순조롭게 진행되었다. 영업계획과 실적을 분석하고 자금의 출납사항을 검토한 결과 약 2년 정도면 다시 성공적인 비즈니스 모델로 돌아올 수 있을 것으로 예측되었다.

예상보다 빨리 이 모든 제한 조치를 풀 수 있는 시기가 왔다. 1년

만에 미납된 모든 대금정리가 완료되었다. 모든 것이 정상적으로 돌아온 것이다.

원 포인트 레슨 ▸▸▸ 대리점 사장과 평소에 깊은 신뢰관계가 있었으므로 이러한 자구조치가 가능할 수 있었다. 대리점 관리 3원칙을 잊지 마시길.

15
공급업체(Vendor) 관리

십수 년간 계속 거래하는 외주 제작업체가 있었다. 규모도 크고 품질도 믿을 만하고 가격도 합리적이어서 계속 거래를 하고 있었다.

꽤 큰 오더를 수주하여 그 중 국내 제작분을 이 업체에 맡겼다.

연초에 발주를 했다. 설계 작업에 들어가고 최종 도면 승인(final drawing approval)이 떨어지고. 아무런 문제없이 잘 진행될 것 같았던 프로젝트가 조금씩 꼬이기 시작한 것은 발주를 준 후 2~3개월이 지난 후부터였다. 관련 서류 제출이 자꾸 늦어지더니 급기야 제작 납기를 못 맞추겠다는 통고를 해왔다. 더 큰 문제는 6개월이면 될 것으로 예상했던 납기가 2개월 더 연장된 것이다. 수입하는 핵심 부품의 납기가 늦어진다고 했다. 근본 원인은 하청업체에서 필요한 부품을 제때 발주하지 않았기 때문이었다. 문제는 계속 터졌다. 고난도의 용접 기술이 요구되었는데 용접을 하면서 매뉴얼대로 하지 않아 고객으로부터 파견된 감독관으로부터 지적을 받아 제작 중지 명령까지 받게 되었다. 한마디로 총체적 부실이었다. 하청업체의 프로젝트 관리에 문제가 있었고 수주 물량이 너무 많아 작업부하가 심해 우리 회사의 일은 우선순위가 자꾸만 밀린다는 것이다. 우리로서는 최악의 상황이었다.

고객의 납기를 맞추기 위해 직접 우리 직원과 함께 외주업체를 방문하여 공장장에게 협조를 요청하였으나 결국 1차 납기를 못 맞추게 되는 상황에까지 이르렀다. 납기지연에 따른 비용 발생과 추후에 고객과의 거래에 있어 상당한 불이익을 감수해야 할 상황이었다.

어떻게 해야 이런 종류의 문제를 해결할 수 있을까?

첫째, 문제를 보면 핵심을 파악하여 단순화시켜야 한다.

핵심 정리가 되면 어떻게 그 문제를 해결할 수 있을지를 생각해낼 수 있다. 먼저 무엇이 문제인지를 정의하고 그 정의된 문제를 몇 가지 요소로 나누어서 분석해야 한다. 여러 가지 문제가 혼합되어 있으면 이를 동시에 해결할 수 있는 방안을 찾기는 쉽지 않다. 먼저 문제를 분해하여 작은 요소로 나누어 주자. 학교에서 배운 대로 고차방정식을 풀려면 인수분해를 해야 한다.

두 번째, 파악한 문제 핵심 요소에 대하여 우리가 통제할 수 있는 것과 할 수 없는 것을 구분해야 한다. 우리가 통제할 수 없는 문제는 어차피 우리 손을 떠난 것이니까 감수해야 하고 우리가 통제할 수 있는 것은 최대한 바꿀 수 있도록 해야 한다.

세 번째, 실제적인 해결방안을 찾기 위해서는 문제 핵심 요소와 그것을 둘러싸고 있는 상황에 좀 더 상세하게 파고들어가야 한다.

여기서 문제는 무엇인가? 제작업체의 작업 부하가 매우 심해 우리 회사가 발주한 소규모 프로젝트는 관심을 가져 주지 않는다는 것인가? 아니면 작업 관리 능력이 열악한 것이 문제인가? 아니면 담당자랑 미팅을 해도 무성의하여 업무가 전혀 진전이 없는 것이 문제인가?

정리해 보니 핵심은 납기를 지킬 수 없다는 점과 제작 품질이 떨어진다는 것이다. 품질과 납기 문제로 단순화 하였다.

두 번째 우리가 통제할 수 있는 핵심 요소와 할 수 없는 요소를 구분해보자. 품질은 우리가 아무리 얘기를 한다 해도 현장 직원들의 능력 문제이므로 어찌할 수 없다는 결론에 도달하였다. 제작 일정은 하청업체의 우선순위의 문제이므로 관련자들을 잘 설득한다면 가능할 수도 있겠다는 판단을 하였다.

세 번째, 문제와 그것을 둘러싸고 있는 상황을 좀 더 깊게 분석해 보았다.

누가 어떻게, 납기 즉 생산일정을 관리하고 있는지를 확인해보니 기획팀의 부장과 차장, 생산팀의 담당 차장 세 사람이 작업지시서를 작성하여 현장으로 내려 보낸다는 것이다. 이 세 사람에게 접대를 하는 방안을 강구하기로 했다. 내용으로 보면 오히려 호통을 치고 윽박질러 납기를 앞당겨 달라고 독촉해야 하지만 해결방안이 되기보다 화풀이에 그칠 것이므로 피하기로 하고 대신에 접대를 하는 것으로 가닥을 잡았다. 접대를 해서 담당자들끼리 친분을 좀 더 쌓은 후 우리 작업의 우선순위를 높여 달라는 부탁도 하기로 하였다.

우리 직원 한사람을 매일 그쪽으로 출근시켜 작업지시서대로 작업이 추진되고 있는지 계속 확인하기로 했다. 서로간의 신뢰가 명확하면 그만큼 작업의 진도가 빨라질 것이다.

품질문제를 향상시키기 위한 방안을 찾아보았다. 우리가 직접 품질을 통제할 수는 없지만 품질문제에 대해서는 우리가 양보를 하면 안 된다는 생각을 했다. 왜냐하면 품질까지 희생하면서 납기를 맞춘다는 것은 생각하기 힘든 일이기 때문이다. 당사의 대표이사 명의로 공급 업체의 대표이사에게 품질문제에 대해 강력한 불만을 제기하는 선에서 마무리하였다. 그러면 업체의 대표이사가 관련자들에게 뭔가 메시지를 전달할 것이고 이 정도면 충분하단 생각이었다.

원 포인트 레슨 ▸▸▸ 우리가 영업을 하면서 만나는 문제는 쉽게 답이 보이질 않는다. 보다 더 정확히 표현하면 정답은 없다. 단지 해답만 있다. 그 해답은 사람마다, 상황마다 달라진다. 해답을 찾기 위해서 어찌해야 하는지를 실제 사례와 함께 설명해 보았다. 문제를 단순화시켜라, 그 다음 문제를 좀 더 자세히 파악하라, 통제할 수 있는 것과 없는 것을 구분하라. 깊게 파고 들어가라. 그러면 답이 보인다.

III

세일즈 리더십

1
리더의 크기만큼 회사는 성장한다

리더의 크기만큼 회사는 성장한다.

미국 시카고 윌로크릭 커뮤니티 교회의 담임 목사인 빌 하이밸스 목사님은 그의 저서 '리더십의 용기(Courageous Leadership)'에서 왜 어떤 교회는 성장 부흥하고, 반대로 어떤 교회는 침체하는지에 대한 원인을 설명하고 있다. 궁극적으로 교회의 부흥의 원동력은 하나님의 복 주심에 달려있지만 인간적인 측면에서 영향력 있는 교회들의 공통점이 있으리라 믿고 이를 찾아 본 것이다.

교회의 지역적인 위치, 장로교, 루터교 등 소속 교파, 교회의 이상적인 시설, 목회자의 훌륭한 설교와 같은 요소들이 중요하기는 하지만, 이런 요소들이 부족한 교회도 부흥성장하는 사례가 많으므로 뭔가 다른 공통점이 있을 것이라 생각하였다.

그의 결론은 성장하는 교회의 공통점은 얼마나 헌신된 영적 리더십을 가진 리더들이 있느냐에 달려 있다는 것이다. 그가 정의하는 리더는 독특한 전술과 조직을 산출하여 다른 사람들의 능력을 가장 효율적으로 사용할 수 있는 사람이다. 리더의 역할은 큰 그림을 보고 다른 사람이 그 그림 안에 있는 자신의 자리를 찾아서 일할 수 있도록 돕는 사람이라고 하였다.

동일한 질문을 이렇게 할 수 있다. 왜 어떤 회사는 매출과 이익이 고르게 지속적으로 성장하며 왜 어떤 회사는 망하는가? 경기가 호황이어서 아니면 불황이어서인가? 아이템 때문인가? 기술개발을 잘 해서인가? 능력 있는 중간관리자 때문인가? 훌륭한 영업직원들이 있어서인가? 이런 답들은 부분적으로 맞지만 회사의 지속적 성장에 대한 필요하고도 충분한 조건은 될 수 없다.

교회에 있어서 리더인 목회자의 역할이 그렇게도 중요한 것 같이 회사의 모든 의사 결정은 최고 경영자가 내리게 된다. 회사의 규모가 클수록 조직에 따라 의사결정 권한이 위임되지만, 어차피 중요사항에 대한 의사 결정은 최고경영자에게 집중된다. 회사의 규모가 작을수록 경영자의 의사결정은 사소한 것을 포함하여 모든 면에서 결정을 지배하게 된다.

회사의 지속적인 성장과 건전한 이윤창출은 얼마나 미래를 통찰하고 비전을 제시하며 우수한 자원을 적절히 배분하여 그들의 능력을 최대한 발휘할 수 있게 해주는 능력을 가진 경영자인가 아닌가에 달려있다. 경영자는 큰 그림을 보고 직원들이 그 그림 안에 있는 자신의 자리를 찾아서 일할 수 있도록 돕는 사람이며 이런 역할을 할 수 있어야 지속적으로 회사는 성장 발전할 수 있는 것이다.

회사가 지난 10년간 지속적으로 성장해 왔다면 경기가 좋아서도 아니고 아이템이 좋아서도 아니다. 그건 리더가 제 역할을 잘 했기 때문이다.

회사의 성장이 멈추고 이익이 줄어들고 있다면 경기가 나빠서도 아니고 아이템이 좋지 않아서도 아니다. 리더가 제 역할을 잘못하고 있기 때문이다.

한마디로 리더에게 무한책임이 있는 것이다. 리더의 그릇의 크기만큼 회사는 성장한다. 회사의 성장의 끝은 리더의 그릇의 크기이다. 회사의 양적 질적인 지속적인 성장은 리더가 얼마나 양적 질적으로 성장해 가느냐와 궤적을 같이 한다. 세일즈 리더도 세일즈 결과에 대한 무한책임을 져야 한다.

원 포인트 레슨 ▸▸▸ 리더의 그릇, 당신이 리더라면 당신의 그릇의 크기를 한정하지 마라. 그릇의 크기는 고정된 것이 아니다.

2
1%의 지시와 99%의 확인

좁쌀영감이라는 말이 있다.

잔소리를 심하게 하고 간섭 많은 사람을 빗대어 좁쌀영감이라는 별호를 붙인다. 지나치게 꼼꼼하고 쫀쫀하고 깐깐한 사람을 가리키는데 부정적인 성격이 많은 단어이다. 반면에 통 큰 사람, 대범한 사람, 사사로운 일에 얽매이지 않는 사람 하면 뭔가 있어 보인다. 큰 인물 같다는 생각이 들고 존경스러워 보인다. 모두가 이런 사람이 되고 싶어 한다.

직장에도 세심한 리더가 있는가 하면, 대범하고 통이 큰 리더도 있다.

도량이 좁은 리더를 두고 있는 직원들은 불평하는 마음을 갖게 되고, 대범한 리더를 모시고 있는 직원들은 리더에 대한 만족감이 높다. 희한한 일은, 지금까지 수십 년간 겪어 본 나의 보스들은 한 분을 제외하곤 좁쌀영감과 같은 분들이었다는 사실이다. 믿기 힘든 사실이다. 더욱더 믿기 어려운 것은 주위의 성공한 대리점 사장님들을 보아도 예외 없이 꼼꼼하며 섬세한 스타일이다. 마이크로

(micro)하게 관리하며, 사소한 것조차 예외 없이 확인하고 또 확인하는 스타일이다. 대충 넘어가는 것을 순순히 받아주신 분은 아무도 없었다. 기안문의 오자 하나까지, 심지어 띄워 쓰기까지 철저히 따지는 세심한 분들이었다.

맞춤법 틀린 것 하나를 가지고 트집을 잡으면 당연히 마음속으로 왜 이렇게 쪼잔하게 굴까 하는 생각이 든다. 보고서의 핵심이나 방향 설정과 같은 부분을 보고 지적한다면 군말이 없지만, 철자 하나 틀렸다고 지적하고 있으면 뭔가 중요한 것을 놓치는 것처럼 여긴다. 나무만 보고 숲을 보지 못하는 것이라며 오히려 보스를 걱정해 준다.

지금도 까다로운 보스에게 이런 사소한 일들을 지적 받으면서 일하고 있는 분들이 많이 있을 것이다. 생각을 역전시켜 보자.

세심한 사람이 승진한다.

화통하며 대범하고 사소한 일들에 관심이 없는 분들은 벌써 명예퇴직하셨다.

쪼잔하고 쫀쫀하고 깐깐해야만 높은 지위에 오르고 끝까지 살아남을 수 있는 것이다. 그럼 여러분의 선택은 오직 한길이다. 자신이 세심한 사람이 아니라면 스스로의 업무 스타일 혹은 리더십 스타일을 변경해 볼 필요가 있다. 대범하게 굴지 말고 꼼꼼하게 굴어라.

쪼잔하고 쫀쫀한 좁쌀영감 같은 사람을 리더로 모시고 있다고 불만을 가져봐야 변하는 것은 아무것도 없다. 반대로 왜 이렇게 꼼꼼하게 따지는지 그 이유를 이해하고 사소한 일까지 완벽하게 해내겠다는 마음을 먹는 것이 현명하다. 쪼잔한 좁쌀영감 같다고 생각지 말고 이런 보스를 미스터 디테일(Mr. Detail)이라고 생각하자. 좀 있어 보이지 않는가. 미스터 디테일(Mr. Detail)이 나의 리더이므로 나 스스로도 세세한 것에 더욱 관심을 갖고 사소한 것까지 완벽하게 하겠다는 마음가짐을 가지는 것이 성공의 지름길이다.

나도 성공하기 위해서는 미스터 디테일(Mr. Detail)이 되어야 한다.

원 포인트 레슨 ▸▸▸ 리더의 본능은 세심함에 있다. 세심해야 승진도 하고 성공한 리더가 된다. 대인관계에서는 대범하게, 업무에는 세심한 리더가 되라. 1%의 지시와 99%의 확인을 하는 리더가 되어야 한다. 이 말은 대구의 존경하는 이교수님으로부터 들은 말이다.

3
리더십의 다섯 가지 비밀

잭 미뤽(Jack Myrick)이 쓴 '리더십의 다섯 가지 고대의 비밀(5 Ancient Principles of Leadership)'이라는 책이 있다.

그리스에서 소규모로 선박을 건조하는 회사의 사장은 숙련된 기술자를 구하지 못해 납기를 못 맞추는 어려운 상황에 처하자 경쟁 업체에서는 어떻게 이런 문제를 극복했는지 궁금해 하게 된다. 그런 그에게 어느 현인으로부터 리더십의 다섯 가지의 비밀을 전수받는다는 이야기이다.

이 우화가 알려주는 리더십의 다섯 가지 비밀을 내 방식으로 설명하면 다음과 같다

(1) 나의 고마움을 직원들이 느끼도록 만들어라

직원들이 나에게 고마움을 느끼도록 만들라는 말이 아니다. 그들은 우리 회사 아니라도 얼마든지 다른 회사를 찾아 갈 수 있는 사람들임에도 불구하고 나와 함께 일한다는 사실에 대해 나 스스로 고맙게 느껴야 한다. 내가 고맙게 느낀다는 점을 직원들이 느끼도록

하라. 현실은 정반대이다. 내가 월급 주니까 직원들이 고맙게 생각해야지 보스가 고마워해야 할 필요는 없다고 생각한다. 직원들에게 나의 고마움을 자주 표현해야 하며 직원들을 향한 칭찬과 격려를 아끼지 마라.

(2) 훈련과 교육을 염두에 두어야 한다

직원들 중에는 내가 고맙게 느낄만한 훌륭한 직원도 있지만 그렇지 않은 직원들도 섞여 있다. 무능하거나 무성의한 직원들에게도 내가 그들을 고맙게 느끼고 있으며 그들 또한 나의 고마움을 느끼도록 만들어야 하는지에 관한 문제에 봉착한다. 현실적으로 바로 해고하지 않는 것만 해도 고맙게 여겨야 한다고 생각되는 직원도 엄연히 존재한다.

이런 경우의 해답은 이런 사람들을 위해 바로 훈련과 교육이 필요하다는 것이다. 그들이 지닌 가능성만 보아야 하고 약점이나 잘못된 점은 보지 않도록 한다.

(3) 직원에게 먼저 기회를 주어라

리더는 직원의 동의와 이해보다는 명령과 지시로 과업을 완수하려는 유혹에 많이 빠지게 된다. 이 방식이 훨씬 쉽고 간편하며 더구나 효율적으로 보인다. 지시와 명령으로 업무를 수행하는 부하 직원들은 자신의 일처럼 하지 않는다. 그 효율이 높을 수 없다. 직원으로부터 존경을 받는 리더가 권위로서 직원들의 공감을 얻어내면 그 업무의 효율이 극대화 된다. 여기서 권위란 직원들이 진심으로 존경하고 복종하는 상태를 말한다.

업무를 이렇게 하라고 지시하기 전에, "이 문제를 어떻게 하면 좋겠어?", "어떻게 생각해?"라고 먼저 물어보라, 직원의 의견을 듣고 난 후에 리더의 의견을 말해도 늦지 않다. 무심코 "이렇게 해", "저렇게 해" 하기 쉽다. 먼저 직원에게 기회를 주어라. 영 틀린 생각이 아니라면 그렇게 해보라고 허용하라. 직원은 자신이 낸 의견이 채택되었으므로 더욱 신나게 그 과업을 완수할 것이다.

(4) 직원을 사랑하라

여기서 사랑이란 감정적인 이성과의 사랑을 말하는 것이 아니다. 직원을 사랑과 존중으로 대하는 예의가 필요하다고 본다. 무례한 보스들이 많다. 회사에서 직위가 높다고 해서, 사장이라고 해서 생사여탈권을 가진 자처럼 행세하는 것은 적어도 직원이기 이전에 사람에 대한 예의가 아니라고 생각한다. 직원들에게도 예의를 갖추어야 한다.

(5) 직원 한 사람 한 사람이 매우 중요한 부분 중의 하나라고 느끼도록 만들라

직원 본인들이 스스로 조직에 중요하다는 것을 인식한다면 업무에 임하는 자세가 절로 달라질 것이다. 일반적으로 조직이 크면 클수록 개인의 존재감이나 중요성은 덜해지고 조직이 작을수록 개인이 차지하는 비중이 커진다. 하지만 조직의 크기에 무관하게 한 사람 한 사람을 소중히 여기고 인정해 준다면 본인들이 가지고 있는 역량 이상으로 회사에 기여할 수 있다.

원 포인트 레슨▸▸▸ 리더십은 오랜 역사를 가지고 있는 주제이다. 관련된 책들을 많이 보면서 공부를 해야 한다. 이만하면 되었다는 생각을 버리자(Stay foolish).

3

당신의 가치는 무엇인가

What is your value?

해외 출장이 잦다 보니 비행기를 자주 타게 된다.

비행 중에 한 번씩 깜짝 놀라는 것은 외기의 온도이다.

시베리아를 지나는 것도 아닌데 상공의 외기온도가 영하 70도까지 내려간다.

태국이나 싱가포르같이 더운 나라에서도 비행기가 상공으로 올라가면 온도가 급격히 하강한다. 바람도 심하게 분다. 그 큰 기체가 심하게 흔들리는 것을 보면 얼마나 바람이 강한지 짐작할 수 있다.

진급을 하는 것은 즐거운 일이다. 모두가 승진을 하고 싶어 한다.

승진해서 위에 올라가 보면 체감온도는 현저하게 달라진다. 실적에 대한 책임추궁이 장난 아니다. 무조건 성과를 만들어내야만 한다. 쇼 미 더 머니(Show me the money), 변명은 통하지 않는다.

땅을 밟고 있는 지상은 한 여름 날씨라도 저 위는 영하 70도가 보통이다.

지상은 따뜻한 산들바람이 불더라도 하늘 위는 엄청난 강풍이 사정없이 밀어 닥치고 있다.

혹시 운이 좋아 뒤바람(tail wind)이라도 불어 준다면 얼마나 좋을까마는 맞바람(head wind)마저 불어 닥치면 얼마나 힘든지는 당해 본 사람만 안다.

사장(Country leader, Managing Director) 혹은 아시아 태평양 리더(Asia Pacific leader)와 같은 고위직에 오르게 되면 개인적으로는 무척 영광이지만 이와 같은 고위 관리자들에게 던져지는 질문이 있다. 당신의 가치는 무엇인가? 이를 다른 말로 고치면,

당신이 그 자리에 없다면 무슨 일이 일어날까?
당신이 그 자리에 있다면 무슨 일이 일어날까?

회사의 매출 실적이 전년도에 대비해서 최고의 성장을 보이고 최대의 이익을 누린 시기가 있었다. 놀랍게도 당시는 사장이 해고되고 그 자리가 공석일 때이었다. 당시에 직원들은 모일 때마다 "왜 회사에 사장이 필요하지?"라는 말을 자주 나누었다. 사장이 없어도 회사가 잘 운영되는데 왜 사장이 있어야 하는가에 대한 의문일 것이다. 최악의 사장이 부임하여 유능한 직원들이 사직하고 회사의 조직이 와해되는 시기가 있었다. 이 분이 재임기간 동안 전체 직원 중 약 30%의 직원들이 불만을 품고 자진해서 회사를 그만둘 정도였다. 그럼에도 매출과 이익은 가파르게 성장했던 적이 있었다. 도대체 리더의 존재가치는 무엇인가?

영업 담당자가 사직하게 되면 바로 직접적인 업무의 공백이 생긴다. 고객의 불만이 접수된다. 매출 감소를 걱정해야 한다. 리더가 없다고 당장 조직에 문제가 생길까? 매출이 줄어들까?

왜 리더가 필요한가? 이런 질문에 스스로 답할 수 있어야 한다.

원 포인트 레슨 ▸▸▸ 리더의 본능은 가치창출이다. 리더들은 스스로 끊임없이 본인에게 이 질문을 해야 한다. 나의 가치는 무엇인가? 어떤 가치를 창출할 것인가?

5
인간 존중의 리더십

대개 리더십 하면 '나를 따르라!'고 외치며 적진을 향하여 돌격하는 돌격 리더십이나, "시킨 대로 해, 하지 않으면 각오해!"와 같은 독재적인 리더십, 권위적인 리더십이 떠오른다. 하지만 진정한 리더십의 원형은 인간존중의 리더십이다. 나는 이것이 최고의 어썸 리더십(Awesome Leadership)이라고 믿는다.

우리나라가 개발 독재 시절을 거쳐 오면서 발휘되었던 위대한 경영자들의 리더십은 대부분 권위적인 리더십 형이었다. 대기업, 중소기업을 가리지 않고 사장이면 소위 직원의 생사여탈권을 쥐고 있고, 직원은 상사의 지시와 명령에 무조건 복종해야 했던 시절이 우리나라에 있었다. 아직도 많이 존재한다.

우리나라처럼 좁은 국토에 많은 사람이 몰려 살다보면 사람에 대한 소중함을 놓치기 쉽다. 사람이 발에 밟힐 만큼 많으니 사람의 귀중함에 대해 진지하게 느끼기 보다는 과잉 생산된 제품처럼, 또는 소모품처럼 여기기 쉽다.

"너 아니라도 일할 사람 많아", "이걸 일이라고 해?" 결재 받으러 들어가면 이런 말들로 인격을 마구 무시하는가 하면, 결재서류를 던져버리고 '집어치워' 라는 말로 완전히 박살 내 버리는 보스들이 과거에는 너무도 흔했고 지금도 남아있다. 나도 과거에 그랬던 기억이 있다. 이런 권위주의적인 리더십은 직원들의 인격과 자존심에 상처를 입힌다. 상사의 모욕적인 언사로 인해, 당장 그만두고 싶지만 그래도 다시 직장 구할 일 생각하면, 가족 생각하면 아뜩해져 어쩔 수 없이 참고 만다.

한 사람 한 사람이 소중하다

불가(佛家)에서는 옷깃만 스쳐도 인연이라 하고 사람이 한번 만나려면 전생에 삼천 번의 인연이 있어야 한다고 했다. 부처가 설파한 "겁(劫)"이라는 용어가 있는데 비유하면 천년에 한 번 떨어지는 빗방울이 집채만 한 바위를 뚫는 시간을 겁이라고 한다. 지구상에 같은 나라에서 태어날만한 인연이 되려면 천겁의 인연이 있어야 하고 수없이 만나는 사람들 중에서 나와 같이 하루 정도 같은 일을 하려면 이천 겁의 인연이 있어야 한다고 하니, 지금 나와 같이 일하는 직원이 얼마나 엄청난 인연으로 만난 것인지 생각해 보면 아찔할 정도로 소중한 존재인 것이다. 예수님께서도 한 사람의 영혼이 천하보다 귀중하다고 하셨는데 여기서 한 사람의 영혼이란 한사람의 인격을 의미한다. 천하보다 귀한 한 사람의 인격을 이렇게 쉽게 무시해서는 안 되는 것이다.

장황하게 나와 같이 일하는 사람이 얼마나 소중한 것인지 설명했는데, 진정한 인간 존중의 리더십은 그 사람이 나의 부하 직원이던 동료이던, 일을 잘하던 못하던, 실적을 올리던 올리지 못하던, 인간이라는 이유 하나만으로 존중 받아야 할 이유가 충분한 것이다.

반대로 내가 조금 더 업무를 잘 이해한다는 이유로, 경험이 좀 더 많다는 이유로, 직급이 높다고 해서 직원을 인격적으로 무시할 권리는 없는 것이다.

내가 상대방을 존중해 줄 때 상대방도 나를 존중하게 된다. 지금부터라도 나의 부하 직원들을 진심으로 존중해 주자. 직원을 존중하기 시작하면 놀랍게도 직원이 변하고 조직이 변한다.

원 포인트 레슨 ▸▸▸ 인간 존중의 따뜻한 리더십이 최고의 리더십이다.

6
코칭 기술

훌륭한 선수는 훌륭한 감독이 될 수도 있고 그렇지 않을 수도 있다.

확실한 것은 훌륭한 선수가 언제나 위대한 감독이 되는 것은 아니다.

축구의 히딩크나 맨유의 퍼거슨도 위대한 선수는 아니었다.

2008년 베이징 올림픽에서 야구 대표팀을 9전 전승으로 금메달을 이끌어낸 김경문 감독도 선수시절에는 위대하지 않았다. 그들은 감독으로서, 리더로서 전설을 만들어 내었다.

훌륭한 세일즈 엔지니어가 리더로 승진하게 되면 같은 연유로 훌륭한 매니저가 될 수도 있고 실패하는 매니저가 될 수도 있다.

세일즈 엔지니어의 주 임무는 고객과 마켓을 개발하는 것이다.

리더의 주 임무는 직원을 계발하는 것이다.

세일즈 엔지니어는 영업의 주체이고 리더는 조직 관리의 주체이다.

세일즈 엔지니어가 고객을 찾아다닌다면 리더는 유능한 직원을 구하러 다녀야 한다.

세일즈 엔지니어가 개인의 성과와 목표 달성에 치중한다면 리더는 팀의 성과와 목표를 달성하기 위해 애써야 한다.

세일즈 엔지니어는 직접적인(direct) 영업의 주체이지만 리더는 간접적인(indirect) 영업을 해야 한다.

세일즈 엔지니어는 자신 스스로가 업무의 추진자이며 스스로 모든 일을 해결해야 하지만 리더는 세일즈 엔지니어의 성과를 극대화시키기 위해 노력해야 하고 또 본인의 권한을 이양하여 세일즈 엔지니어가 스스로 일을 해결할 수 있는 능력을 갖출 수 있도록 해야 한다.

세일즈 엔지니어는 매출액만 신경을 쓰면 되지만 리더는 이익 목표까지 달성하여야 한다.

진정한 리더는 상황에 따라 다음과 같이 자신을 변신시킬 수 있어야 한다.

- 세일즈 엔지니어
- 관리자(manager)
- 멘토(mentor)
- 상담자(consultant)
- 코치(coach)

리더는 직접 고객을 만나 세일즈를 해 보임으로써 마치 역할극(role playing)을 하듯이 영업의 포인트를 잡아주어야 한다. 말하기는 쉬워도 실행하기는 어렵다(Easy to say, hard to do). 영업직원들에게 말로만 실적을 올려야 한다고 호통만 치고 있으면 존경 받는 리더가 되지 못할 것이다. 이럴 때 과거 세일즈 엔지니어 시절에 뚜렷한 실적과 보여줄 만한 체험이 있다면 도움이 될 것이다.

관리자(manager)의 역할도 중요하다. 사람은 스스로 동기 부여가 되어 목표 달성을 위해 헌신적으로 매진하는 존재가 아니기 때문에 직원들을 잘 관리 하는 것도 필요하다. 여기서 관리란 말은 약간 부정적인 의미가 있다. 아무리 열심인 사람도 쉽게 나태해질 수 있으므로 직원을 관리한다는 개념이 일정 부분 필요하다. 높은 수준의 윤리규범을 준수하기 위해서 관리자의 역할이 필요하다. 한편 관리자로부터 관리를 받아야만 성과를 낼 수 있는 세일즈 엔지니어들은 조직에서 그리 필요한 존재가 아니다. 리더의 관리를 받지 않고서도 스스로 동기 부여를 해낼 수 있는 사람들이 있어야 그 조직은 발전하게 된다. 리더는 이런 사람들을 찾아야 한다.

멘토(mentor)는 자신이 지닌 지식과 경험을 부하 직원에게 전달해주는 역할을 한다. 리더로서 영업 실전에서 겪은 풍부한 경험을 바탕으로 하여 직원들을 교육 훈련시키는 일은 매우 중요하다. 제대로 된 교육과 멘토링(mentoring)은 직원의 능력을 배가시킬 수 있다.

상담자(consultant)의 역할도 되새겨야 한다. 세일즈 엔지니어가 느끼는 현장의 애로사항이나 어려운 점들을 상담해주고 그 문제를 해결에 나갈 수 있도록 조언을 아끼지 않아야 한다.

영업 조직 안에서, 회사 내부에서 발생하는 여러 갈등 요인들을 사전에 적절히 정리해 줄 수 있어야 한다. 따뜻한 상담자가 되어야 한다. 같이 고민하고 아파해주는 자상함을 갖춰야 한다. 직원의 문제를 세심하게 들어줄 수 있어야 하고 잘못을 따뜻하게 덮어줄 수도 있어야 한다.

무엇보다 중요한 것은 리더는 코치(coach)가 되어야 한다는 것이다. 관리자는 마치 경찰처럼 직원이 무엇을 위반하는지에 초점을 맞추고, 멘토는 직원이 뭘 모른다는 것을 전제로 하며, 카운슬링(상담)은, 상대가 문제가 있다는 전제에서 시작한다. 코치는 다르다.

에노모토 히데타케가 쓴 '마법의 코칭'이란 책을 보면 코칭에는 3가지 중요한 철학이 있다. 모든 코칭의 이론은 이 세 가지 철학에서부터 비롯된다.

제1철학 : 모든 사람에게는 무한한 가능성이 있다.

제2철학 : 그 사람에게 필요한 해답은 모두 그 사람 내부에 있다.

제3철학 : 해답을 찾기 위해서는 파트너가 필요하다.

직원의 내재적인 능력을 일깨워서 스스로 문제 해결 능력을 갖추어 나갈 수 있도록 해주는 파트너의 역할이 바로 코치의 역할이다. 코칭은 매우 긍정적이고 적극적인 면을 갖는다. 제대로 된 코칭은 무능한 직원을 유능하게 바꿀 수 있다. 경찰과 같은 관리자의 역할보다는 잠재하고 있는 문제 해결 능력을 이끌어 내어 줄 수 있는 코치의 역할을 잘 할 수 있도록 노력하라.

원 포인트 레슨 ▸▸▸ 훗날 그는 위대한 코치였다고 불리우길 소망한다.

7

세일즈 리더가 명심해야 할 4가지 사명

리더가 해야 할 가장 중요한 일은 무엇일까?

조그만 조직이든 큰 조직이든 어떤 조직을 맡은 사람으로서 그 직무를 잘 수행하기 위해서는 다음 세 가지를 염두에 두어야 한다.

첫째 리더는 늘 비전을 제시할 수 있어야 한다. 미래를 보아야 한다

팀 리더라면 이번 달 뿐 아니라 이번 분기, 이번 회계연도 정도는 늘 머릿속에 그리고 다녀야 한다. 상위 관리자라면 분기뿐 아니라 1년 뒤 즉 내년엔 어떻게 먹고 살지를 생각하고 있어야 한다. 그 이상의 경영자라면 당연히 2~3년 뒤에 어떻게 먹고 살지를 고민해야 하고 더구나 최고 경영자라면 당연 5~10년 뒤의 미래에 대한 설계를 하고 있어야 할 것이다.

리더에게는 언제나 미래를 꿈꾸고 비전을 만들어 제시할 수 있는 능력이 요구된다. 달성 가능성은 중요하지 않다. 달성하지 못했으면 다시 새로운 비전을 만들면 된다. 중요한 것은 언제나 직원들에게 조직의 비전이 제시하고 그것을 같이 공유하는 것이다. 그 비전을 생각하면 직원들의 가슴이 벌렁벌렁해야 하는 것이다.

둘째로 리더는 조직을 늘 격려할 수 있어야 한다

영업직원들은 한마디로 전사(warrior)이다. 무사이다. 글래디에이터(gladiator)이다. 싸워서 이겨야만 살아남을 수 있는 존재이다. 이들은 늘 삶과 죽음, 성공과 실패 사이를 누비고 있는 자들이다. 실제 전투 행위에 가담하고 있는 자들인 것이다. 이들에게 전투의욕을 고취시켜야 할 책임이 리더에게 있다. 생과 사를 가르는 현장으로 이들을 보내는데 잔소리를 가득 안겨 보낸다면 어떻게 승리할 수 있겠는가? 리더는 조직원들을 어떻게 하면 최대로 격려할 수 있을까를 늘 생각해야 한다.

나는 인사고과를 무척 싫어한다. 인사고과를 하게 되면 어쩔 수 없이 직원들을 평가해야 하는데 평가라는 개념 자체가 ABC로 분류를 해야 하니 이게 적성에 맞지 않는 것이다. 모두 A등급으로 평가할 수 있으면 좋겠지만 평소에 늘 격려를 해주던 내 입으로 넌 이게 잘못되었고 실적에 문제가 있으니 C를 줄 수밖에 없다고 하기가 영 껄끄럽다. 리더의 정확한 평가가 직원들에게 스스로를 돌이켜 보게 하는 긍정적인 효과도 있을 것이나 사실 자기가 못하는 점은 자신이 잘 안다.

조직원들을 늘 격려하라. 정말 야단을 쳐야 할 상황에서 야단치지 말아야 한다. 이미 그런 상황이라면 당사자가 제일 먼저 불안해

하고 있을 것이기 때문이다. 해고시켜야겠다고 마음먹은 직원이 아니라면 야단칠 필요가 없다. 그저 늘 격려하고 신뢰하라.

셋째로 리더는 본인 스스로 늘 긍정적이되 부하 직원에게서 조금이라도 부정적인 면이 발견되면 강하게 그 점을 지적하고 그 싹을 잘라 버려야 한다

우리 부서의 한 직원에게 신규 제품에 대한 영업 계획을 세워보라고 했다. 그 친구의 계획서는 한대도 못 판다는 것이었다. 왜 못 팔수밖에 없는지 상세한 이유를 보고하였다. 이건 아니다. 백 가지 안 되는 이유를 생각하여 날 설득하려 들지 말고 (난 그 논리에 설득 당하지 않을 것이기 때문에) 되는 이유 한 가지라도 생각해 보라고 하였다.

부정적인 생각은 전염성이 강하다는 말을 들어본 적이 있을 것이다. 미국 스탠포드대학교 경영대학원 로버트 서튼 교수의 연구에 따르면 5 대 1의 법칙으로 부정적인 감정관계는 긍정적인 감정관계보다 5배나 더 강력하게 나타난다고 한다. 남을 칭찬하기 보다는 씹는 재미가 5배는 더 크다는 말이다. 되는 집안과 안 되는 집안의 차이는 그 구성원들이 긍정적인 생각, 남을 배려하는 생각을 가지고 있는지, 아니면 안 된다는 부정적인 생각을 가지고 있는지에 있다. 부정적인 생각을 가지고 있는 직원들과는 절대 타협하지 마라. 어떤 방법을 사용해서라도 그의 생각을 바꾸도록 노력해야 한다.

넷째로 리더의 리더십이 강한 힘을 받을 수 있으려면 조직원들과의 신뢰가 가장 중요하다

그 어떤 격려의 말이나 칭찬 혹은 금전적인 보상조차도 신뢰보다 더 중요하다고 하기는 힘들다. 서로 믿지 못하는데 아무리 돈을 많이 준다 하더라도 그 리더를 위해 끝까지 일할 수 있겠는가? 리더십이 비록 경영진에 의해 부여된 것이어서 단지 윗사람의 마음에 들게 행동하면 모든 게 다 잘 풀릴 수 있을 것이라고 생각할 수도 있지만 착각은 자유다. 인간관계가 그런 게 아니다. 서로에 대한 신뢰가 없다면 그 조직은 쉽게 와해되어 버린다. 와해되어 버린 조직에서 내가 리더라고 자랑해봐야 누가 인정해 주겠는가? 조직원들의 신뢰를 쌓아 나가야 한다.

원 포인트 레슨 ▸▸▸ 리더의 사명은 끊임없는 비전 제시, 조직원에 대한 지속적인 격려, 부정적인 사고와의 단호한 절연이다. 그 모든 것은 조직원과의 신뢰에서 비롯된다는 것을 잊어선 안된다.

8
강점강화와 약점보완

동계 올림픽 종목에서 우리나라의 여자 쇼트트랙 선수들이 세계 최고의 자리를 지키고 있는 것을 보면 경이롭기만 하다. 오래 전 쇼트트랙 국가대표 감독이 어느 인터뷰에서 그 비결에 대해 이런 취지로 설명을 했다.

“나의 방침은 선수들이 각자 잘하는 분야를 더욱 잘 할 수 있도록 지도하는 것이다. 어떤 선수는 출발(start)이 좋고 어떤 선수는 코너링(cornering)이 좋다. 또 어떤 선수는 막판 분발(spurt)을 잘한다. 출발이 좋은 선수는 코너링이 약할 수 있고, 코너링이 좋은 선수는 막판 분발이 약할 수 있다. 대부분의 코치들은 출발이 약한 선수에겐 출발 기술만 열심히 연습을 시키고, 코너링이 부실한 선수는 코너링을 집중해서 연습시키고 있다. 나는 선수들이 잘하는 것을 더욱 잘 할 수 있도록 지도한다.”

이런 코칭 기법을 강점강화라고 한다. 잘하는 것을 더 잘하게 만들어 주는 것이다.

1962년부터 1975년까지 미국 아메리칸 리그의 미네소타 트윈스에서 오랫동안 투수로 활약하였던 짐 카트가 슬럼프에 빠졌을 때가 있었다. 코치는 슬럼프를 탈출하기 위해 새로운 기술을 연마하지 말고 그의 주특기인 강속구를 더욱 연습하라고 조언하였고, 그 조언을 따랐던 그는 마침내 그 해 메이저 리그 최고 투수에게 주는 사이영상을 수상하게 되었다. 잘하는 것을 더 잘 하도록 지도한 것이다.

큰아들 은수는 어릴 때부터 책 읽는 것을 좋아했다. "우리 아들이 책 읽는 것을 좋아하니 아빠 정말 자랑스럽구나." 라는 말로 틈틈이 책을 읽도록 강화 시켰더니 매해 학교에서 독서왕 상을 받아 왔다. 초등학교 졸업식에서는 '최고의 독서왕' 상을 수상하였다.

부하 직원을 격려하고 더 잘하게 하기 위해 여러 방법을 사용할 수 있지만 그 내용을 보면 크게 두 가지로 구분된다. 가지고 있는 강점을 더욱 강화시키는 방향으로 이끌어 주는 방법(강점강화법)과, 약점을 보완해주는 방법(약점보완법)이 그것이다.

많은 리더들이 약점보완법을 선택한다. 일리가 있는 방법이다. 잘하는 것은 이미 잘 하니까 굳이 더 훈련시킬 필요가 없다고 생각한다. 못하는 점을 잘 보충하여 잘 할 수 있도록 하면 되는 것 아닌가? 국어와 영어를 90점 이상 받지만 수학은 50점이라면 수학만 집중적으로 지도하면 모든 과목이 90점 이상을 받을 수 있을 것이다.

강점강화법은 "넌 영어와 국어를 잘 하니까 어학에 재능이 있고 그러니까 어학에 더욱 전념하여 최고가 되거라." 하고 지도하는 방법이다.

강점 강화를 시킬 때 특히 조심해야 할 사항은 강점 강화에 너무 치우친 나머지, 약점을 미화시켜서는 안된다는 것이다. 강점강화법이지 약점미화법이 아니다. 못하고 있는데도 그저 말로만 잘한다고 칭찬하는 것은 오히려 역효과를 낳는다. 리더의 말을 불신하게 된다. 저 분은 내가 대충해도 늘 잘한다고 칭찬하는 사람이라고 간주해 버리면 칭찬과 격려의 효과는 사라져버린다. 못하는 것을 잘한다고 하면, 못해도 상관없다는 오해를 하게 된다. 못하는 것은 못하는 것이다. 거짓말 할 필요는 없다. 리더가 직원의 약점을 보완하기 위해 매달리지 말라는 것이다. 못하는 점은 못한다고 지적하지 않는다. 반면 잘하는 점은, 잘 할 때는 아낌없이 칭찬하면 된다.

잘하는 것을 더욱 잘할 수 있도록 긍정적으로 이끌어 주면, 못하는 점도 저절로 개선이 된다. 여기에 강점 강화법의 매력이 있다. 어차피 성인인 이상 자신이 스스로 잘하는 점과 못하는 점을 누구보다도 잘 알고 있다. 리더가 못하는 점을 자꾸 지적하게 되면 심리적으로 방어기제가 작동하여 매사에 소극적이 되고 불안해 지게 된다. 잘하는 것도 위축되어 잘하지 못하게 된다. 강점을 강화시켜 주면 자신감을 갖게 되고 자신이 이미 인식하고 있는 약점들도 잘 극복할 수 있다는 자신감을 가지고 수정해 나갈 수 있는 것이다.

단언할 수 있다. 리더인 내 눈에는 언제나 직원들의 단점이 먼저 눈에 띈다. 직원들의 이러한 단점을 발견해 내면 대부분의 리더들은 스스로 매우 똑똑하다고 생각하며 관리자로서의 자질이 충만하다고 뿌듯해 한다. 이를 고쳐 주어야겠다는 사명감을 가지고 직원들을 다룬다. 결과는 실패한다. 리더는 부하 직원의 잘못한 점을 찾아내는 경찰이 아니다.

자연법칙에 의거 내 눈에는 직원들의 단점과 실수가 먼저 보이게 마련이므로 직원들의 장점과 잘하는 것을 찾아내려면 의식적인 노력과 연습이 필요하다. 직원들의 장점은 저절로 찾아지지 않는다. 이 걸 찾아내고 강화시켜 줄 수 있는 사람이야 말로 진정한 리더이며 코치가 될 수 있다.

원 포인트 레슨 ▸▸▸ 리더의 본능에 강점 강화법을 추가하라. 인간의 본성을 거스르는 법칙이다. 쉽지 않다. 노력하고 의식적으로 연습하라.

9
아기 독수리를 변신시키는 신규 직원 교육의 3가지 비결

학교 졸업 후 처음 회사를 입사했다. 중소기업이었다. 기술 교육을 받아야 한다고 했다. 외국인 보스가 체류하던 특급 호텔로 출퇴근하며 호텔 룸에서 프로젝터를 가져다 놓고 1주일간 기술 교육을 받았다. 이태리 식당에서 피자란 걸 생전 처음 먹어 본 기억이 지금도 생생하다.

어떤 경로를 통해서든 새로운 직원을 채용하면 교육을 시켜야 한다.

대기업에서는 별도의 연수원이 있어 직원을 체계적으로 교육시키고 있다. 기본 훈련 이후에 업무에 투입되면 부서에서 OJT(On Job Training)를 실시하게 된다. 중소기업들은 신규 직원이 입사하면 대개 사수(혹은 멘토)를 한 명 지정해 준다. 이 멘토가 업무를 습득할 수 있도록 한다.

회사의 규모에 상관없이 직원 교육은 사전에 준비된 프로그램에 의해 체계적으로 진행해야 한다. 이러한 교육은 입사 초기뿐 아니라 지속적으로, 주기적으로 모든 직원을 교육하여야 한다, 그러기 위해서는 일년 예산을 세울 때 교육 훈련 예산을 미리 책정하여야 한다.

첫째 교육의 적절한 시기에 대하여 알아보자

가장 좋은 시기는 입사 후 첫 3주 이내 혹은 첫 3개월 이내이다.

첫 3주간은 당사자로서도 뭔가를 배우려는 열의가 있다. 처음엔 아무것도 모르니까 당연히 배우겠다는 열의가 있지 않겠는가? 첫 3주가 지나고 나면 어떤 형태가 되었든 회사의 이미지와 업무에 대한 그림이 당사자의 마인드에 각인된다. 그것이 개인과 조직에 적합한 것이든, 아니면 잘못된 또는 위험한 인식이든 관계없이 3주 정도면 머릿속에 정리가 되는 것이다. 이후부터는 교육을 시키려고 해도 이미 선입견이 생겨 머리가 굳어지고 생각의 변화(mind changing)가 매우 어려워진다. 첫 3주간을 놓치지 마라. 교육해야 할 것이 많다면 최대 입사 3개월 안에 첫 교육을 끝내야 한다.

둘째, 직원 교육에는 왜(Why), 무엇을(What) 어떻게(How)라는 내용이 포함되어야 한다

이를 다른 말로 이렇게 설명할 수 있다.

왜(Why) → 기업 문화(Company Culture)

무엇을(What) → 기술 훈련(Technical training) - 제품과 적용설비

어떻게(How) → 영업 기술(Sales skill)

위 세 가지 중에서 가장 중요한 것은 '왜' 라고 하는 부분, 기업 문화이다.

- 왜 우리 회사가 존재해야 하는가?
- 우리 회사에서 나의 존재의 이유는 무엇인가?
- 왜 내가 우리 회사에서 일을 해야 하는가?
- 왜 팔아야 하는가?

여기에 대한 답을 줄 수 있어야 하고 또 주어야 한다.

규모가 작은 회사일수록 회사의 조직 문화가 개념적으로 정리되어 있지 않고 무형의 가치이어서 무시하기 쉽다. 소규모 회사여서 기업 문화가 정립되어 있지 않더라도 회사의 대표나 리더의 개인적인 사업 정신 혹은 사업 철학이라도 좋다. 리더와 직원이 동일한 가치를 공유하는 것이 중요하다.

무엇을 우선할 것인가에 대해서도 이야기 되어야 한다. 영업과정에서 매출을 우선할 것인지 이익을 우선할 것인지, 또 윤리적으로 문제가 발생하는 경우 어느 정도까지 허용할 것인지를 알려 주어야 한다. 접대를 하게 되면 어느 정도 선까지 할 수 있고 그 비용은 어느 한도까지라는 것을 명확히 전달해야 한다.

앞으로 우리 회사가 혹은 우리 부서가 어떻게 될 것이라는 미래에 대한 계획도 언급되어야 한다. 이런 것을 가리켜 사명(mission)이니 비전(vision)이니 가치(value)라는 용어를 쓴다. 명확하게 정리된 회사의 비전과 미션은 업무를 수행함에 있어 정확한 가치 판단을 제공해 줄 수 있다. 조직 가치의 일직선 정렬(alignment)이 이루어질 수 있다.

기술교육 또한 중요하다. 자신이 판매하는 아이템의 기술적인 사항을 모르고 기술영업을 성공적으로 실행하기는 어렵다.

기술 교육은 세 가지 관점에서 진행해야 한다.

- 제품 교육(Product training)
- 응용 분야 교육(Application training)
- 시장정보와 경쟁업체 기술 분석(Market information + competitor's product)

자신이 다루는 제품에 대한 것은 당연히 알아야 한다. 품번(Part number)에서부터 제품의 여러 종류까지 또 제품의 선정 방법 등을 숙지하고 있어야 한다. 카탈로그에 나와 있는 내용 중 특히 작은 글씨로 쓰여 있는 것까지 그 의미와 배경을 이해해야 한다. 작은 글씨로 쓰여 있는 내용들은 일반적인 상황에는 적용되지 않고 특별한 경우에 해당되는 드문 경우지만 언제나 문제는 이런 부분에서 발생한다.

제품만 알아서는 부족하다. 그 제품이 사용되는 용도(application)를 명확히 숙지해야 한다. 왜 고객이 우리 제품을 사용해야 하는지를 명확히 가르쳐 주어야 한다. 어디에서 가치(value)가 창출되는 지를 고객에게 전달할 수 있어야 한다. 용도(application) 교육을 효과적으로 하기 위해서는 현장에 직접 데리고 가서 보여주는 것이 중요하다. 이론과 실제적인 교육을 병행하는 것이 훨씬 효과적이다.

마켓과 경쟁업체에 대한 교육은 필수적이다. 단위 마켓 별로 시장 상황을 교육시킨다. 우리 제품의 단점은 알려줄 필요가 없다. 아니면 최소한으로 알려주어야 한다. 경쟁업체의 기술적인 장점을 부각시킬 필요는 없다. 우리 제품이 이러 이러한 면에서 최고의 품질이라는 것을 직원들에게 숙지시켜야 한다.

영업직원은 자신이 취급하는 제품에 대한 120%의 확신이 있어야 고객을 설득시킬 수 있다. 100%의 확신만으로는 부족하다. 내가 100% 확신을 가지고 있으면 고객은 최대 80%만 받아들이게 된다. 내가 80%의 확신을 가지고 설명 하면 고객은 최대 60%만 받아들이게 된다. 의사소통 과정에서 이러한 손실이 발생하는 것은 어찌할 수 없다. 영업직원은 120%의 확신을 가져야만 고객을 100% 설득할 수 있는 것이다.

나의 프랑스 사부님이 한국에 왔을 때 부서 직원들을 대상으로 신제품 사용법을 교육하는 시간이 있었다. 교육하기 전에 사부님은 리더인 나를 따로 불러 실험실에서 그 신제품을 놓고 먼저 가르치기를 시작하셨다. 장비에 전기를 연결하고 작동을 시켰다. 단추를 조작해 가면서 여러 가지 기능을 설명하기 시작했다. 어떤 한 기능에 이르러 작동 불량이 발생했다. 두세 차례 반복해도 이 기능은 정상 작동되질 않았다. 사부님은 직원 교육 시 이 부분은 제외하겠다고 했다. 영업 담당자들이 가져야 할 제품이나 기술에 대한 120%의 확신에 대하여 누차 강조하셨다. 직원들이 사소한 것이라도 장비에 대한 불신감을 가지게 되면 고객을 설득할 수 없으며 확신과 자신감을 심어주고 불신감을 없애 주는 것이 리더의 책무라고 하셨다. 혹시 후에 내가 직원들을 직접 교육시킬 때라도 이 교훈을 잊지 말라고 하셨다.

마지막으로 영업 스킬 교육의 중요성은 두말 할 필요도 없을 것이다

기술력이 앞선 회사일수록 뛰어난 품질을 기반으로, 인지도가 높은 브랜드 파워를 바탕으로 영업이 저절로 된다는 과신을 하고 있다. 내 물건을 안 쓰면 고객이 손해라는 식이다. 우리 회사가 아니면 이러한 제품을 생산할 수 없는 독창적인 기술을 가지고 있는 경우에는 그 독선이 매우 심하게 된다. 지난 시기에는 이런 아이템들이 실제로 많이 있었고 이렇게 영업하는 사람들도 있었다. 나도 그런 사람 중의 한 사람이었다. 무한 경쟁 체제로 들어선 지금은 인터넷으로 대량의 정보가 유통됨으로써 제품 간의 기술력 차이는 갈수록 그 격차가 크게 줄어들고 있다. 분명 기술적으로 뛰어난 제품이긴 하나 그 앞선 정도가 크지 않다는 것이다. 기술력으로 자신의 제품을 차별화시키는 정도가 한계에 달하면 결국 그 부족한 부분은 영업력으로 보완을 해야 하는 것이다.

주기적으로 직원교육을 실시해야 한다.

신규 제품이 출시되는 경우에도 교육을 해야 하지만 영업직원들의 능력개발도 힘써야 한다.

많은 회사들이 영업직원이 가지고 있는 영업력을 타고난 것으로만 치부하고 그 영업력을 활성화 시키고 계발하는 측면은 도외시하는 경우가 많은데 그렇지 않다. 모든 것은 교육을 통하여 향상될 수 있다. 관심을 가지고 영업 직원들의 능력을 극대화하기 위한 부분에 대한 투자를 정기적으로 해야 한다. 그것이 매출 증대로 연결되는 지름길이다.

갓 태어난 아기 독수리를 어엿이 자신의 몫을 다할 수 있는 성인 독수리로 키우는 것이 쉬운 작업은 아니다. 지속적인 관심과 강제적인 프로그램이 있어야 이루어진다.

원 포인트 레슨 ▸▸▸ 잘 키운 직원 하나 우리 회사 자산이다.
대한민국 군대에서도 겨우 2년도 안 되는 기간 써먹기 위해 입대하자마자 훈련소에서 5주 동안, 병과에 따라선 후반기 교육까지, 더구나 합숙까지 시키면서 훈련을 시킨다. 거기에 비하면 우리는 어떤가? 입사 3주가 고비다. 강한 훈련이 강한 영업직원을 만든다.

10

훈련과 학습의 차이

Training vs Learning

영업 연차회의(Annual Business Review Meeting)의 끝마무리에는 건의사항을 듣는 시간이 있다. 어느 나라를 막론하고 직원들이 요구하는 것이 트레이닝이다. 국내 교육, 특히 해외연수가 필요하다는 것을 꼭 요청한다. 구체적으로 예를 들어보면 가장 많이 선호하는 교육은 신제품 교육, 사용용도 교육(application training), 영업기술 훈련, 프레젠테이션 기술, 가격 협상 기술, 리더십 훈련 등등이다.

처음 회사에 입사를 하게 되면 신입이든 경력이든 그 회사에서 판매하고 있는 제품에 대해 알아야 한다. 또 판매 기술을 향상시키기 위한 교육이 당연히 필요하다. 잘 알다시피 우리나라 대기업에서도 처음 신입사원이 입사하면 여러 가지 연수 프로그램을 통해 재교육을 실시하게 된다. 대학에서 배운 것은 학문 그 자체 이므로 이를 현장에 적용하기 위해서는 적용훈련이 필요한 것이다. 또 신입 사원뿐 아니라 기존의 직원들에게도 주기적으로 교육을 실시하여 재충전의 기회를 부여하고 다시 새롭게(refresh) 할 수 있도록 독려한다.

나도 직원들의 트레이닝을 강조한다. 스스로도 사내 외에 각종 교육 기회가 있으면 빠짐없이 참가하여 능력을 업그레이드 하는데 초점을 두고 있다.

이와 같은 생각이 조금씩 바뀌고 있다. 회사에서의 교육훈련이 과연 필요한가!

중국 출장길에 프랑스의 마케팅 매니저와 스페인의 세일즈 매니저와 중국 직원들과 함께 여러 군데 현지 고객을 방문하여 기술발표를 하고 영업회의를 가졌다. 특히 유럽에서 온 두 친구들이 주도하여 발표를 했는데 기술 자료도 풍부했으며 많은 참고 자료를 슬라이드화 하여 명확하게 왜 고객이 우리 제품을 사용해야 하는 지 설명하였다. 훌륭한 프레젠테이션이었다.

충칭에서 뛔양으로 향하는 기차 안에서 중국의 마켓 담당 리더가 건의사항이 있다고 했다. 무엇인지 들어보니 이번에 프랑스 매니저로부터 교육을 받아보니 몰랐던 점이 너무 많았고 별도로 전문 교육을 받고 싶다는 것이었다. 자기가 아는 어느 회사는 입사하면 즉시 3개월간 외국 본사에 보내어 교육을 시켜준다고 한다. 프랑스에 가서 교육을 받게 해달라는 거였다. 당연히 할 수 있는 요청이다.

독일 법인에 기술 설계 담당하는 직원이 있었다.

그녀가 한국에 몇 번 와서 대리점 직원들을 교육시키고, 고객을 방문하여 세미나를 실시하였다. 그녀의 교육내용을 옆에서 지켜보면서 탄복을 했다. 나도 잘 모르는 설계를 포함한 기술적인 지식이

해박할 뿐 아니라 현장 문제 해결 능력까지 갖추고 있었다. 어떻게 저렇게 요점을 잘 정리하여 체계적으로 교육을 실시할 수 있을까? 찬탄을 넘어 의문을 가졌다. 왜냐하면 이 분야에서 그녀보다는 훨씬 더 오래 종사했는데 어떻게 더 많은 기술지식을 가지고 있는지 이상했다. 그녀가 입사한지는 4~5년밖에 되질 않았다. 다른 분야의 경험은 있지만 해당 분야는 아주 특수한 분야여서 유사 업종에 근무하는 사람이라 하더라도 정확히 알기 어려운 분야인데 어떻게 그렇게 잘 알고 있는지 신기할 수밖에 없었다.

직원들과 함께 저녁 식사를 하면서 누구에게 교육을 받았는지 물어보았다. 그녀의 대답은 충격적이었는데 아무에게도 교육받은 적 없다고 했다. 어떻게 그렇게 많은 기술적인 내용을 잘 알고 있는지 다시 물었더니 그녀는 스스로 학습했으며 여러 참고 자료를 바탕으로 슬라이드를 준비하였다고 했다. 사실 이때 큰 충격을 받았다. 어떻게 혼자 공부하지?

이 일이 기억났던 나는 중국 매니저와 함께 가서 프랑스 마케팅 매니저에게 누구에게 교육 받았는지 동일한 질문을 했다. 놀랍게도 그의 대답도 독일 기술 담당 직원과 동일했다. 아무에게도 교육 받은 적 없다고 했다. 그도 관련 자료 검토, 학술회의 참석, 해당 메이커의 홈페이지에 들어가서 자료 수집 등 여러 경로를 통해 스스로 공부했다고 했다. 중국 매니저의 눈이 휘둥그래졌다. 아마 문화의 차이인지도 모르겠다. 중국과 우리는 비슷한 문화를 가지고 있는 것 같고 독일이나 프랑스가 서로 유사한 문화를 가지고 있는 게 아닐까 생각해 본다.

말레이시아의 한 직원과 면담하는 자리에서 나에게 여러 가지 교육 훈련을 받고 싶다는 요청을 했다. 보스에게 이 친구 이야기를 했더니, 펄쩍 뛰면서 이 친구는 만나는 사람마다 교육 보내달라고 한다면서 배우고자 하는 열망이 없이 단지 교육만 받으려는 사람에게는 교육의 효과가 없다고 하였다.

우리는 학교에서 배워야, 누군가가 우리에게 무엇을 가르쳐 주어야 비로소 알 수 있다고 생각한다. 어릴 때 여동생에게 공부를 가르쳐 주면서 "이건 왜 몰라" 하고 물어보면 "학교에서 아직 배우지 않았으니까" 라고 자랑스럽게 대답하곤 했었다. 우리는 누군가가 가르쳐 주지 않으면 몰라야 한다고 생각한다.

스스로 모르는 것을 탐구해가며 답을 찾아가는 자세가 필요하다. 창조성을 발휘하는 것이다. 원래 우리 민족은 훈민정음과 거북선 등 창조성에 일가견이 있지 않는가? 본인이 배우려고 하는 강한 욕구가 있다면 어디서든지 배울 수 있다. 지금은 인터넷에 웬만한 건 다 있지 않은가. 반대로 본인이 배우려는 열망이 없으면 아무리 트레이닝을 해주어도 결과는 소용없다.

리더라면 직원에게 교육훈련의 기회를 부여하기 전에 본인의 배움의 욕구를 먼저 확인하자. 리더라면 이를 구분해주어야 한다. 직원들이 배움의 열의를 가질 수 있도록 자기 주도 학습의 중요성을 깨우쳐 줄 필요가 있다.

원 포인트 레슨 ▸▸▸ 교육보다는 배우겠다는 열의가 더 중요하다.

11
회사는 학교가 아니다

성과가 떨어지는 직원에게 마음이 더 쓰이는 것은 인지상정이다.

왜 목표를 달성하지 못하느냐고 강하게 압박하는 매니저도 있겠지만 반대로 내가 뭘 못해서 이 친구가 성과를 못 내고 있는가 자책하는 리더도 있을 것이다. 나의 리더십의 어디가 부족해서 인가 반성해 볼 수 있다. 훌륭한 태도이다.

고양이를 잘 키우면 호랑이로 변신할 수 있을까?

강아지를 잘 먹이고 조련하면 사자가 될 수 있을까?

고양이는 잘 키워도 고양이이고 강아지는 잘 먹여도 강아지이다.

리더가 할 수 있는 범위는 약한 강아지를 강한 강아지로 만들 수 있고, 어리버리한 사자를 동물의 왕이 될 수 있도록 매서운 눈매와 날쌘 체형, 용맹스러운 모습으로 만들어 줄 수는 있다. 하지만 그게 한계이다. 강아지를 사자로 바꿀 수는 없다.

이와 같은 사실에서 우리가 배울 수 있는 점은,

첫째 회사는 학교가 아니다

심장수술을 하는 외과의사가 병원에서 필요하다고 하자. 심장수술을 할 수 있는 외과 의사들 가운데서 가장 적합한 사람을 채용할 것이다. 아무 것도 모르는 사람에게 심장수술을 어떻게 하는지 가르쳐서 외과 의사를 만들지 않을 것이다. 병원이 의과대학이 아닌 것처럼 기업은 학교가 아니다. 채용 단계에서부터 적합한 직원 즉 영업을 잘할 수 있는 직원을 채용해야 한다.

둘째 우리 리더는 영업 목표를 달성하기 위해 존재하는 사람으로 영업 전문가이지 교육 전문가가 아니라는 것이다

주어진 사명과 영업목표를 달성하기에도 시간적으로 부족하다. 남는 시간을 쪼개어 영업사원을 사자로 키우고 싶어도 우리는 전문 조련사가 아니다. 사람의 의식구조를 바꾸는 일은 하루아침에 될 수 도 있지만 결코 저절로 될 수는 없다. 성인 교육 부문은 학생들 교육과는 엄연히 다른 분야이다. 성과를 더 높이기 위해 여러 가지 시스템을 도입하고 동기부여를 하고 격려를 하여 강아지가 조금 더 적극적인, 강한 강아지는 될 수 있을지 몰라도 사자로 만드는 것은 불가능하다. 처음부터 사자가 필요하면 사자를 뽑아야지 강아지를 선발하여 사자로 만들겠다는 생각은 하지 않는 게 낫다.

셋째로 교육의 한계점이다

성인을 외부적인 힘으로 변화시키는 것은 거의 불가능하다. 소를 물가에 끌고 갈 수는 있어도 물을 먹게 할 수는 없다. 국내 어느 기업 전문 교육기관을 보니 심지어 목사님도 교수진에 들어가 있었다. 수십 년간 성인 교육을 담당해 오면서 사람을 변화시키는 일 즉 부정적인 곳에서 긍정적인 곳으로, 소극적인 면을 적극적인 면으로 변화시키기 위해서는 정신적인 감화로도 부족하며 결국 영적인 변화가 수반되어야 한다는 결론을 내렸다는 것이다.

이렇게 어렵다. 내 경험에 의하면 한번 아닌 친구는 끝내 아니었다. 선을 행하는 자는 여전히 선을 행하고, 악을 행하는 자는 여전히 악을 행한다는 성경말씀도 있다. 무능한 직원은 여전히 무능하다. 시간이 지나더라도 무능에서 유능으로 저절로 전환되지 않는다.

성과를 못 보이는 직원이 있다면 1년 혹은 2년 정도 더 기회를 주는 것은 무방하다. 바뀔 것을 기대하지는 마라. 매니저의 눈높이가 바뀐다면 그것도 좋다. 영업 직원이 바뀌진 않는다. 일찌감치 이혼하는 게 그 직원에게도 좋다. 잔인한 이야기가 아니다. 어차피 자신의 능력을 발휘하지 못할 회사라면 하루라도 빨리 자신에게 맞는 회사를 찾는 것이 본인의 인생에도 유리하다. 황혼이혼까지 이를 정도로 시간을 허비할 필요가 없다. 일찍 헤어져라. 어차피 서로 맞지 않다면….

넷째로 강아지가 차원을 달리 하여 사자로 될 수 있는 유일한 길은 본인 스스로의 변신 노력이다

영화 트랜스포머에서는 자동차가 로봇으로 변신하기도 한다. 위에서 누가 지시한다고 해서 변화될 수 없다. 내가 스스로 변화의 필요를 느끼고 절박할 정도로 심각하게 받아들이고 이를 어떻게 바꿀 수 있을까 라는 생각을 하고 행동으로 실천해야만 한다.

원 포인트 레슨 ▸▸▸ 기업은 학교가 아니다. 직원을 평가해 보면 한번 아니면 계속 아니더라. 강아지가 사자로 변신 못할 이유는 없다. 본인이 노력한다면.

12

사업 계획서(Business Plan) 작성 요령

어느 회사든 사업 년도의 중, 후반에 이르게 되면 다음 해 사업계획을 수립하게 된다.

사업계획이라 하면 기본적으로 매출계획을 포함하여 비용계획, 이익계획, 마케팅 계획까지 작성한다. 사업 전망을 포함하여 우리의 강점과 약점, 주위 환경의 기회요인과 위기요인을 분석하는 스왓분석(SWOT analysis)까지 회사에서 요구하는 항목들이 다양하다.

회사별로 사용하는 고유 양식이 있을 것이지만 다음과 같은 순서에 따라 상세하게 사업계획서를 작성한다.

❶ 요약

- 금년과 내년의 주요 사항
- 금년과 내년의 회계 보고 요약

❷ 시장 개괄

- 시장 잠재 가능성 분석
- 비즈니스 환경

- 경쟁업체 분석(현황, 매출, 강점 약점)
- 시장의 추세(고객의 니즈에 따른 기술적, 상업적인 변화 추세)

❸ 스왓(SWOT) 분석
- 우리의 강점(Strength), 우리의 약점(Weakness), 외부의 기회요인(Opportunity), 외부의 위협요인(Threat), 각각의 결합된 변수에 의한 우리의 대응방안

❹ 재무 부분
- 손익 계산서
- 지난 3년간 영업 실적 비교표
- 향후 5년간 매출목표
- 영업 비용 분석(인건비, 영업 관리비 등의 증감)
- 영업 이익 분석(전년 대비, 매출액 대비)

❺ 주요 고객 관리(Key Account Management) 및 전략적 고객 관리(Strategic Account Management) 방안

❻ 신규 사업(제품) 계획서(Business Initiatives report)

❼ 신제품, 신기술, 서비스, 연구 개발에 따른 마켓의 니즈

❽ 판매 촉진 방안
인터넷(Web), 자료, 데이터베이스 구축, 경쟁력 평가, 전시회, 심포지엄, 세미나 등

❾ 인원 충원 계획

❿ 직원 계발 계획
- 교육 훈련, 기법 개발
- 인사 고과

사업계획서(Business Plan)는 상부의 지시가 없더라도 본인 스스로 한번 정리해 보는 것이 좋다. 마케팅 전략을 세우기 위해서는 기본적인 전략계획이 필수이기 때문이다.

작전 없이 전투에 뛰어드는 무모한 부대가 있는가? 사전에 치밀한 작전을 세운 후에야 비로소 부대원을 전투 현장으로 투입해야 한다.

중요한 점은 모든 사업 계획은 긍정적이며 밝은 전망을 나타내어야 한다. 승리를 위한 사업 계획서이지 패배를 위한 계획이 아닌 것이다. 내년도 시장 상황이 지금까지 겪어보지 못한 최악이라고 예측 되더라도 그 가운데 긍정적인 요소를 찾아내어 이를 어떻게 확대할 수 있을까를 궁리해야 한다. 심지어 내년의 판매 목표가 올해보다 줄어들 수밖에 없는 상황에 놓여 있더라도 제2의 계획(플랜 B), 제3의 계획(플랜 C)을 준비하여 어떻게 하면 줄어드는 매출을 늘릴 수 있는지에 대한 작전 계획을 수립하여야 한다.

원 포인트 레슨 ▸▸▸ 완벽한 승리 뒤에는 철저히 준비된 작전계획이 있다.

13

규범 준수

compliance

세계 유수의 글로벌 기업들이 특히 관심을 쏟는 분야가 있다. 국내에서도 윤리경영이란 말로 표현하는데 바로 윤리 규범 준수(compliance)라는 것이다. 사내감사 팀(Internal Audit team)에서도 가장 역점을 두는 부분이 규범 준수(compliance) 분야이다.

필리핀의 직원이 태국으로 출장을 가면서 가족들과 함께 바닷가에 있는 리조트 호텔에 투숙했으며 숙박비용을 회사에 청구했다는 사실을 싱가포르의 회계팀으로부터 통보 받았다. 놀랐다. 이런 사실을 어떻게 알게 되었는지 궁금해 하면서, 통보를 받자마자 바로 해당 직원에게 이메일을 보내 사실관계를 확인했다.

본인은 가족과 함께 투숙한 적이 전혀 없다고 했다. 숙박한 호텔이 리조트형 호텔인 것은 사실이나 근처에 고객의 회사가 위치하고 있기 때문에 불가피했다고 했다. 더구나 본인 혼자 출장간 것이 아니라 대리점 직원과 동반했으므로 그가 이 사실을 증명하여 줄 것이라고 했다. 완벽한 설명이었다. 회계팀에 그대로 전달하고 문제가 되지 않는다고 부가 설명을 했다.

회계팀에서 호텔의 숙박영수증 사본을 보내왔다. 영수증에는 명백히 Mr. & Mrs ×××로 명기 되어 있었다. 부부가 함께 숙박한 것이 틀림없다고 했다. 다시 해당직원에게 이 사실을 알리며 사실 확인을 부탁했다. 그 직원은 펄펄 뛰면서 숙박영수증에 이런 내용이 있었는지 조차 몰랐다고 해명하면서 아마도 호텔이 리조트여서 프론트 데스크에서 당연히 가족과 함께 투숙할 것이라 생각하고 오기한 것으로 보인다고 설명했다. 당시 체크인 할 때 많은 사람들로 창구가 혼잡한 상태였다는 설명도 덧붙였다.

이 직원이 설령 해외 출장을 가서 가족과 함께 호텔에 숙박했다고 해도 잘못된 것은 없다. 가족과 함께 숙박했다고 해서 숙박비를 더 내는 것도 아니고 가족의 비행기 요금을 회사에 청구한 것도 아니기 때문이다.

그래도 사실 확인은 해야 했다. 그가 태국의 대리점 직원과 함께 출장을 갔다고 했으므로 대리점 직원에게 직접 사실을 확인하였다. 놀랍게도 대리점 직원은 그가 아내와 함께 숙박했다고 증언하였다.

정직과 부정직이라는 명제는 신뢰와 불신이라는 점과 명백히 관련되어 있다.

함께 일하는 리더에게 부정직하다면, 리더는 그를 불신할 수밖에 없다. 그가 무엇이라고 말하든 믿을 수 없는 것이다. 서로 불신하게 되면 함께 일할 수 없다.

리더에게 부정직하다면 고객에게도 부정직할 것이다. 정직하지 못한 직원은 윤리규정(compliance)을 어기는 것이고 이것은 모든 회사에서 가장 기피하는 중대한 잘못이 되는 것이다.

잘못했으면 잘못했다고 해야 한다.

잘못하지 않았다고 생각이 들면 적극적으로 왜 당시에 그렇게 결정할 수밖에 없었는지, 왜 그렇게 행동할 수밖에 없었는지에 대해 당당히 설명해야 한다. 잘못한 것과 실수한 것은 비슷하지만 구분된다. 실수했다는 것은 원치 않았는데 규정을 위반한 것이고, 잘못했다는 것은 다분히 의식적으로, 고의적으로 규정을 위반한 것이므로 명백하게 사과를 해야 한다. 재발 방지를 약속해야 한다.

잘못한 것을 감추고 인정하지 않으면 한번은 그냥 넘어갈 수 있다. 그러나 한번 금이 간 신뢰관계는 다시 회복할 수 없다.

원 포인트 레슨 ▸▸▸ 실수는 만회할 수 있다. 거짓말은 만회되지 않는다. 정직이 최선의 방책이다. 직원들의 규범 준수(compliance)는 타협의 문제가 아니다.

14
국어 실력이 영업의 근본이다

학교 다닐 때 왜 그렇게 선생님들이 국영수, 국영수 하는지 그 이유를 몰랐었다.

이제야 그 이유를 알다니. 이럴 줄 알았으면 좀 더 열심히 공부하는 건데.

수학을 잘 해야 하는 이유는 쉽게 짐작할 수 있다. 논리력, 사고력, 추리력의 기본이 되며 모든 과학(이과)을 하려면 수학을 모르고서는 얘기가 안 된다. 요즘 중요해진 논술력도 수학이라는 바탕에서 쉽게 키울 수 있다.

영어는 어차피 세상과 소통하는 도구이니까 영어를 잘 해야 하는 것도 이해가 된다.

국어는?

단지 대한민국 국민이니까 국어인 한국어를 잘해야 한다는 걸까?

그렇지 않다. 국어 즉 언어는 크게 4가지 영역으로 구성된다. 듣기, 말하기, 읽기, 쓰기.

영업직원들에게 영업기술을 교육하다 보면 모든 교재에 빠지지 않고 나오는 내용이 있다. 질문의 기술(questioning skill), 경청의 기술(listening skill), 이 둘을 합하면 소통의 기술(communication Skill)이 된다. 고객과의 소통을 위해서는 듣기와 말하기가 필수 이다. 학교 다닐 때 국어만 제대로 공부 했다면 조리 있게 자신의 주장이나 의사를 얼마든지 표현할 수 있는 능력을 갖추게 되는 것이다.

직원들과의 회의나 고객과의 상담 중에 중요한 것이 핵심을 파악하는 것이다. 부하 직원이나 고객이 원하는 것이 과연 무엇인지 빨리, 정확하게 파악해야 직원이나 고객의 욕구에 부합하는 제안을 준비할 수 있는 것이다. 기억나는가? 국어 시험 문제에 빠지지 않는 것이 지문을 주고 주제, 핵심어 찾기 와 같은 것들이었다. 각종 영업 진행 사항에 대하여 상부에 보고서를 작성하는 것, 내, 외부에 이메일 작성하는 것 또한 필수적인 업무 중 하나인데, 이게 다 국어 시간에 배운 작문ㅡ쓰기 실력이 발휘되어야 하는 것이다.

지나친 세심함으로 자칫 핵심을 잃을 수 있다. 세심함을 건강하게 살려 주는 것이 바로 국어 실력이다. 직원의 어디가 부족한지, 어느 부분에 문제가 있는지 핵심을 정확히 찾아내어 도와주기 위해서는 주제를 정확히 파악하는 세심함이 요구된다. 국어 실력이 이를 도와준다.

이제 다시 학교로 돌아갈 수도 없고 어찌해야 할까? 가장 좋은 방법은 책을 많이 읽는 것이다. 많은 책을 대하면서 나도 모르게 국어 실력이 자란다. 비즈니스나 영업에 관한 책뿐 아니라 관심 있는 분야의 여러 책들을 많이 읽으시길.

원 포인트 레슨▸▸▸ 신규 직원을 면접할 때 학창시절의 국어 성적은 꼭 물어보는 질문 중 하나이다.
리더들도 국어 실력 향상으로 리더십이 향상된다.

15

톱날 갈기

Sharpening the saw

어떤 사람이 나무꾼으로 취업을 했다. 타고난 성실로 무장한 이 사람은 매일 잠시도 쉬지 않고 톱으로 나무를 잘랐다. 옆 사람들이 쉬엄쉬엄 일하는 것을 보았지만 괘의치 않고 열심히 일을 하였다. 처음엔 감독관으로부터 일 잘한다는 칭찬을 수없이 받았다.

그러던 어느 날 그는 감독관으로부터 갑작스레 해고 통지를 받는다. 죽도록 열심히 일한 이 사람은 영문을 몰라 어리둥절하며 감독관에게 왜 자신이 해고되어야 하는지를 묻는다. 감독관은 하루에 벌목하는 나무의 숫자가 점점 줄어들어 생산성이 떨어져 도무지 고용할 수 없다고 한다. 언제나 성실하게 열심히 일만 하던 그는 왜 그런 일이 자신에게 발생했는지를 이해 못하고 해고를 당한다.

어떤 연유였을까? 그의 생산성이 떨어졌던 이유는 바로 톱날을 갈지 않고 계속 나무를 잘라내다 보니 톱날이 무디어 하루에 잘라내는 나무의 숫자가 점차 줄어들 수밖에 없었던 것이다. 그러고 보니 옆 사람들은 쉬면서 톱날을 갈고 있었던 것이다.

소위 톱날을 갈아라(Sharpen the saw)라는 이야기이다.

이 같은 사실을 뒤늦게 알게 된 이 사람은 다시 나무꾼으로 취업을 하고 틈틈이 톱날을 갈아 가면서 계속 높은 생산성을 유지할 수 있었다.

그러던 어느 날 그는 감독관으로부터 또 다시 갑작스레 해고 통지를 받는다.

"아니 왜요? 이번엔 저가 뭘 잘못했죠?"

매일 톱날을 갈아가며 높은 생산성을 유지할 수 있었던 그는 톱날의 시대가 사라지고 전기톱의 시대가 온 걸 몰랐던 것이다. 사람의 힘에 의존하여 베어내는 생산량보다 전기톱을 이용하는 것이 훨씬 더 생산성이 높았으므로 회사로서는 많은 나무꾼을 고용할 필요가 없었던 것이다.

톱날 갈기(Sharpen the saw) 가지고는 부족한 것이다. 끊임없이 새로운 기술과 지식을 습득하기 위한 노력을 게을리 하면 뒤처지게 되는 것이다. 톱날갈기(Sharpen the saw)는 열심히 일하기(Work hard)보다는 한 단계 진일보한 형태이지만 스마트하게 일하기(Work smart)에는 부족한 것이다.

전기톱 사용하는 법은 다시 배울 수 있었던 이 친구는 드디어 전기톱 전문가가 될 수 있었다. 그러던 어느날 다시 해고를 당하게 된다.

"이번엔 무엇이 잘못된 거죠?" 그러자 감독관은 "이번엔 나도 잘렸어!" 라고 고함을 쳤다. 알고 보니 어마어마한 벌목 기계 장비가 들어온 것이다. 사람이나 전기톱은 전혀 필요 없어졌고 모든 나무꾼은 해고되고 중장비 운전면허를 가지고 있는 사람으로 대체되었다.

열심히 일하지 마라, 스마트하게 일하라(Don't work hard. Work smart).

경영자들이 종업원들에게 주문하는 말이다. 열심히 일하는 것으론 부족하다는 것이다.

생산성을 높이기 위해서는 똑똑하게 일하지 않으면 도리가 없다. 직원들이 똑똑하게 일하도록 만드는 방법은 무엇인가? 결국 교육훈련이 아닌가 한다.

학교 교사들에게 제공되는 다양한 연수 프로그램을 보고 참 놀랐다.

병원의 의사나 간호사들도 직무에 관련한 회의나 심포지엄, 연수에 계속 참석한다. 신규로 발표되는 여러 수많은 새로운 지식들을 끊임없이 습득시켜 나가도록 병원에서도 독려하고 있는 것이다. 우리와 같은 영업 종사자들이야 매일 물건 팔기 바쁘니까, 사실 재충전의 기회가 많지 않다. 시간이 없어서 교육을 받고 싶어도 못 받는 경우가 많다. 회사에서도 그렇게 신경을 써주지 않는다.

IMF 이후 어려웠던 시기에 나는 과감하게 나 자신에게 투자하였다. 비즈니스 매너교육을 자비 부담으로 받기도 하고, 한국무역협회에서 시행하는 국제회의 진행법 3개월 과정을 자비로 수강하기도 하였다. 한국조정중재협회에서 시행하는 협상전문가 과정을 자비로 등록하여 기본과정, 심화과정, 전문과정을 3년 동안 매 토요일마다 수강하여 자격증을 취득하였다. 변화와 변신의 노력, 톱날 갈기와 같은 자기 계발만이 급변하는 비즈니스 환경에서 나 자신을 지켜주는 든든한 무기가 된다고 믿었기 때문이다. 회사에서 보내주는 교육도 있으면 빠지지 않고 참석하여 질을 높이기 위해 노력하였다.

원 포인트 레슨 ▸▸▸ 톱날 갈기, 끊임없는 교육, 자기 자신에게 투자하는 것이 급변하는 상황에서도 살아남을 수 있는 유일한 무기이다.

16
내가 지은 집을 내가 부셔야 한다

한 조직을 맡아서 운영하다 보면 누구나 최선을 다하여 최대의 성과를 얻고자 한다. 최고의 회사들은 그 조직이 처해있는 상황에 가장 알맞은 시스템(표준 업무 절차, SOP, Standard Operating Procedure)을 구축하고 모범실무(Best Practice)에 근거하여 직원들을 훈련시키고 업무의 수행하도록 한다. 개인의 창의성은 이러한 SOP와 모범실무 절차에 근거하여 꽃을 피워야 한다.

지금 현재 우리가 하고 있는 업무의 모델이 가장 완벽하면서, 효율이 높아야 한다. 사장이나 주주의 입장에서는 가장 적은 비용과 인원으로 가장 많은 매출과 이익을 남겨서 회사의 지속적인 성장 외에 배당을 통해서 회사의 이익을 남겨줄 수 있어야 가장 완벽한 조직이 될 것이다. 고객의 입장에서 본다면 고객을 만족시키는 직원들로 충만한 조직이 제일 훌륭하게 보인다. 직원들이 본다면 급여가 가장 높다든가, 후생복지가 잘 되어 있어야 가장 만족한 회사, 가장 일하고 싶은 조직이 된다. 주주와 종업원, 고객의 세 가지 관점을 완벽하게 충족시키는 회사는 아마도 존재하지 않을 것이다.

여기서 갈등이 생기고 반대로 각 리더들의 능력을 나타낼 수 있는 계기가 된다.

회사와 고객과 직원이 원하는 것이 일치하지 않으므로 이 불균형의 3가지 관점이라는 제약점을 세 꼭지점으로 하여 어떠한 삼각형을 그리느냐에 따라 리더의 기량이 표시된다.

지금 현재 우리 조직에서 운영하고 하고 있는 표준업무절차는 조직의 핵심인 세 주체를 공히 만족시킬 수 있는 가장 적합한 절차가 되어야 한다. 그래야 여기서 모범실무(Best Practice)가 나올 수 있다. 현재의 SOP를 고집하지 말고 조직의 환경이나 고객의 요구조건이 변화에 적절히 대응할 수 있는 SOP이어야 한다. 유연성이 있어야 한다. 더욱 더 환경이 급변하여 유연성의 한계를 느낀다면 과감하게 현재의 SOP를 파괴하여야 한다. 변화된 고객의 요구조건을 만족시킬 수 있는 새 집을 지어야 한다.

모범 실무(Best Practice)는 과거의 성공에 기반을 두고 만들어진 것이다. 변해가는 환경에 매일 새로운 모범 실무(Best Practice)를 만들어 가지 않으면 기존의 모범 실무(Best Practice)는 한갓 쓰레기에 불과하다. 끊임없는 자기 파괴를 통한 자기 창조만이 지속적으로 SOP를 개선시켜 나갈 수 있을 뿐 아니라 기존의 SOP를 허물고 새로운 SOP를 창조해 나갈 수 있는 것이다.

원 포인트 레슨 ▸▸▸ 내가 지은 집을 내가 부숴라. 그렇지 않으면 남이 와서 내가 지은 집을 부수는 수가 있다.

17
말이 씨가 된다

큰아들이 고등학생 때 경시대회를 준비하고 있었다.

반드시 등수 안에 들어서 장학금을 받겠다고 했다. 반신반의 했더니 "아빠, 말이 씨가 되거든요" 라고 했다. 우리 아들은 경시대회 후 성적이 부족하여 장학금을 받지 못했다. 이러던 아들이 대학 입학을 준비 하면서, 장학금을 받을 목표를 세웠다고 했다. 여전히 반신반의 했더니 태연하게 전에 했던 말을 다시 하는 것이다. "아빠, 말이 씨가 되거든요". 대학에 입학하면서 기적처럼 장학금을 받게 되었다. 축하한다고 했더니 "거 봐요 아빠, 말이 씨가 되잖아요". 둘째 아들도 최고의 장학금을 받고 대학엘 가겠다고 큰소리를 쳤다. 말이 씨가 되었다.

왜 어떤 조직은 흥하고 잘되며 어떤 조직은 망하는 걸까.

씨가 되는 좋은 말들을 많이 하는 조직이 흥하고 잘되는 조직이다.

캔 블랜차드와 셀든 보울즈가 쓴 '겅호(Gung Ho)!' 라는 책에는 다람쥐 정신, 비버의 방식, 기러기의 선물이라는 재미있는 이야기가 있다. 두껍지 않은 책이고 내용도 재미있어 단숨에 읽었던 책인데, 기러기들이 하늘을 날아가면서 끼룩 끼룩 울어대는 이유가 서로를 격려하기 위한 것이라고 한다. 멀고 먼 길을 날아가야 하는데 중간에 피곤하고 지치며 대오에서 이탈될 수 있는 기러기들도 있을 것이다. 이들이 낙오하지 않기 위해 서로를 격려해 주면서 그들이 가야할 길을 같이 날아가는 것이다.

안 되는 조직은 조직의 이익보다 개인의 이익을 먼저 챙기려고 한다.

조직이 어떻게 되든 일단 개인의 이익부터 챙겨놓고 시작한다. 한 사람이 먼저 자신의 것을 챙기려고 혈안이 되다 보면 옆에 있던 동료도 이러다간 내 것도 못 챙길 수 있다는 위기감에 서둘러 자신의 것도 챙기려고 한다. 이런 마음들이 전염되는 것이다. 이런 조직은 도미노처럼 무너지고 만다.

되는 조직은 개인의 이익보다는 조직의 이익을 우선한다.

일단 자기 것을 먼저 내어 놓는다. "오늘 간식은 내가 준비한다."

이처럼 사소하지만 자신의 것을 희생하는 마음이 번지기 시작하면 놀랍게도, 고맙게도 긍정 심리도 전염성이 강한 것을 알 수 있다.

리더로서 자신의 조직을 찬찬히 살펴보면서 망할 것이라는 씨를 퍼뜨리는 균들은 사정없이 제거시키고 격리시켜야 한다. 개별적으로 불러 입 조심을 하도록 해야 한다. 반면에 다른 사람의 기를 살려 주는 말을 하고 주위를 늘 웃음과 격려로 이끄는 직원들을 높여 주어야 한다. 리더 스스로 먼저 희생하겠다는 각오를 해야 한다.

원 포인트 레슨 ▸▸▸ 말이 씨가 된다고 했다. 전염성이 강하다. 리더인 나부터 좋은 말, 긍정적인 말, 언제든지 직원들을 격려하는 말로 무장하자. 그러면 되는 조직이 된다.

18
피터의 원리

미국 컬럼비아대학교 교수인 로렌스 피터(Laurence J. Peter)와 작가인 레이몬드 헐(Ramond Hull)이 1969년 공저한 책 《피터의 원리》(The Peter Principle)에서 나온 얘기인데 우리에게 적용해 보면 퍽 재미있는 원리이다.

피터의 원리란 조직에서 유능한 사람은 무능하게 되는 자리에 이를 때까지 승진한다는 것으로 좀 역설적인 표현이다.

회사에서 누가 진급하는가? 누가 임원이 될 수 있는가?

진급 대상자 중에서 가장 유능한 사람이 차상급 직급으로 승진하게 된다. 현실적으로는 정치적인 배려에 의해 무능한 사람들이 계속 승진하고 성공할 수도 있을 것이다. 그건 예외로 하고 이론적으로 조직에서는 개인의 역량을 평가하여 가장 능력이 뛰어나고 적합한 사람에게 승진의 기회를 제공하게 된다. 승진된 직책에서 능력을 발휘하여 인정을 받으면 다시 상위 직급으로 승진할 기회를 잡게 된다. 결과적으로 시간이 지남에 따라 각 고위직에 있는 사람은 그 다음 고위직으로 진급하지 못한 무능한 사람들로 채워지게 되고 자신의 능력을 넘어서는 지위까지 승진하게 되면 더 이상 승진 못 할 것이고 그 사람은 그것이 자신의 최종 직위가 된다.

만약 가장 훌륭한 과장이 부장으로 승진한 후 가장 훌륭한 부장이 되었다고 가정하자. 그는 이사로 승진할 것이다. 만약 그가 부장으로서 뛰어난 능력을 보이지 않는다면 부장으로 계속 머무르게 될 것이다. 뭐가 모순인가. 유능한 직원은 그의 무능함을 보이는 직위까지 승진하게 된다는 것이다. 즉 무능한 사람들로 직위가 채워진다는 역설이다.

이러한 피터의 원리는 우리에게도 그대로 적용된다.

최근에 리더로 승진했는가? 리더의 역할은 영업 담당자의 하는 일과 매우 다르다. 어쩌면 전혀 새로운 일이라고도 말할 수 있다. 비록 유능한 영업자이었지만 매니저로서는 무능한 상태이다.

무능함을 보이지 않기 위해 새로운 직무를 잘 소화시켜야 한다. 잘 수행 못할 수도 있다. 피터의 원리다.

원 포인트 레슨 ▸▸▸ 피터의 원리까지 공부한 사람이라면 새로운 직무도 잘 감당할 수 있으리라 확신한다.

IV

조직의 쓴맛

1
내버려 두면 사고 친다

방목(放牧)하면 안 된다.

내가 다니는 교회 목사님께서 늘 강조하시는 말씀이다.

영업 직원들에게 업무를 맡긴 후 방치해 두면 엉망으로 만들게 된다. '잘 하겠지' 라고 굳게 믿고, 확인하지 않으면 결국엔 사고를 치게 된다.

그대로 내버려 두면 사고 칠 수 밖에 없는 것은 어느 특정 개인에게만 해당되는 것이 아니라 우리 모두에게 해당된다. 모든 조직 구조는 서로 견제와 조화를 이루어야만 발전할 수 있다.

왜 내버려 두면 사고를 치는가?

열역학 제2법칙인 엔트로피 증가의 법칙 때문이다.

엔트로피, 즉 무질서도는 자연 상태에서 계속 증가한다는 열역학 제2법칙은 지금도 만고불변의 법칙이다. 경제학에서 말하는 그레샴의 법칙, 즉 악화는 양화를 구축한다는 법칙도 그 근본 원리는 물리학의 열역학 제2법칙과 동일하다. 계속 내버려 두면 무질서도가 증가하게 되고 결국 사고를 칠 수 밖에 없다. 엔트로피가 증가 할 수 밖에 없는 이유를 기독교적으로 해석하면, 사람이 태어날 때부터 죄인이기 때문이다.

내버려 두지 않기 위한 관리자들의 스타일은 다양한데 축구 감독(코치) 스타일은 좋은 모델 중 하나이다. 선수들이 골을 못 넣는다고 감독이 직접 뛸 수는 없다고 히딩크 감독이 말했지만 감독은 직접 뛰기 보다는 선수들이 잘 뛸 수 있도록 지도해 준다. 감독이 직접 뛴다고 해서 선수보다 더 잘 한다는 보장도 없다. 선수들이 운동장 안에서 운동할 수 있도록 여건을 마련해 준다. 그렇다고 선수들이 운동장 안에서 그저 놀고 있는 것을 결코 방관하지는 않는다. 끊임없이 작전을 지시하고 독려하며 고함을 지르기도 한다. 팀 플레이가 제대로 될 수 있도록 코칭도 해야 한다.

가장 나쁜 스타일은, 직원들을 꽁꽁 묶어 놓고 시키는 것만 하게 하는 스타일이다. 자율성을 전혀 고려하지 않는 스타일은 숨을 막히게 한다.

2010년도 17세 이하 여자월드컵 대회에서 우승을 이끈 후 최덕주 감독은 언론과의 인터뷰에서 축구에는 수학처럼 공식이 있는 것이 아니어서 같은 상황에서 여러 플레이가 나올 수 있다고 했다. 문제는 하나지만 답이 많다는 뜻이다. 기본 공식만 알려주고 그 다음부터는 선수들이 자기만의 해결방식을 찾도록 지도한 것이 승리의 비결이었다는 취지로 말을 한 적이 있다. 최감독님이 깨달은 조직의 원리가 영업에도 적용된다.

원 포인트 레슨 ▸▸▸ 내버려 두면 사고 친다.
그렇다고 꽁꽁 묶어 두면 아무 일도 안한다. 리더는 이를 구분해야 한다.

2
불량감자 솎아내기
— 인사고과(Performance Evaluation)

인사고과(Performance Evaluation)의 궁극적인 목적은 직원의 업무 성과에 대한 정당한 평가를 통해 직원들을 차별화시켜 줌으로 결과적으로 조직의 성과를 극대화 시키는 것이다. 능력 있는 직원을 찾아내고 불량감자를 솎아 내기 위한 목적도 있다. 단, 평가는 공정해야 하고 정직해야 한다. 인사고과라는 용어가 누구를 평가한다는 부정적인 의미가 짙다 하여 인재육성프로그램(People Development Plan, PDP)라는 용어로 대체하여 사용하고 있기도 하다.

한국적인 상황에서 공정하고 정직한 평가가 얼마나 힘든지는 해 본 사람은 알 것이다. 공정한 평가를 방해하는 요소들이 경영학 교과서에만 나오는 것이 아니라 현실적으로 자연스럽게 대두되는 것을 알 수 있다. 이것저것 고려하다 보면 공정하고도 정직한 평가는 물 건너간다. 부하직원이라고 하면 어차피 서로 아는 처지인데 누구는 등급을 잘 주고 누구는 낮은 등급을 주는 것이 쉽지 않게 된다. 그 놈의 정 때문에, 그 놈의 줄 때문에 공정한 인사 평가를 하는 것이 어려운 것이다.

평가 시스템은 복잡하게 하면 안 된다.

KISS의 법칙(Keep It Simple, Stupid)에 따라 최대한 단순하면서도 측정 가능하도록 해야 한다. 평가자나 피평가자 모두 이를 쉽게 이해하고 동의할 수 있어야 한다.

SMART 법칙도 감안하여 평가 시스템을 구축해야 한다.

S = specific 명확하게

M = measurable 측정 가능한 것으로

A = agree upon 본인 동의하에

R = realistic 현실적인 것으로

T = time constrained 기한을 명확히 하여 평가 시스템을 설정하는 것이다.

평가의 과정은 다음과 같이 하는 게 좋을 것이다.

첫 번째 단계, 직무분석과 직무기술(Job analysis and Job description)이 준비되어야 한다

매년 회계 연도 초 직원들로 하여금 본인의 업무 분석을 하도록 한다.

업무가 전년도와 동일한 경우 별도로 작성할 필요는 없을 것이다. 신규 직원이나 부서가 바뀌었거나 직책이 변경되는 등 기존 업무가 바뀐 경우는 새로 작성을 해야 한다. 직무 분석에는 두세 가지

정도로 나의 업무는 이러 이러한 것이라고 정의를 내려주면 된다. 예를 들면 세일즈 스페셜리스트의 경우 "나의 업무는 이러 이러한 마켓에서 이러 이러한 제품을 판매하는 것이다." 내부 지원부서의 경우 "나의 업무는 영업직원(부) _______의 목표를 달성할 수 있도록 제반 업무를 지원하는 것이다." 이렇게 정의를 내리면 된다.

리더의 경우는 아무래도 업무의 성격이 좀 복잡해진다.
리더의 업무는 다음과 같이 정의내릴 수 있다.

- 매출과 이익 연간 목표를 초과 달성해야 하고 이를 위한 영업계획을 실행하여야 한다.
- 직원 고용, 훈련, 동기부여, 세일즈 팀의 운영
- 신규 사업 개발을 통해 끊임없는 성장을 이끌어 내어야 함
- 직원들이 개별 목표를 달성할 수 있도록 인도하여야 하고 도와주어야 함
- 상부와 보고, 협의에 만전을 기하여야 하고, 연간 사업계획서 작성과 주간 보고 월간보고 분기보고를 시간에 맞게 시행하여야 함
- 회사의 윤리 규정을 준수하여야 하고 직원들이 준수 하도록 지도해야 함

위와 같이 간단히 예를 들었지만 부하 직원의 수, 연간 매출액의 크기 사업부의 성격에 따라 규정되는 부분은 달라질 것이다.

두 번째 단계는 목표설정(Goal Setup)이다

직원들이 자신의 업무 목표를 스스로 설정하도록 하라. 3~4가지 정도면 적당하다.

업무 목표는 다음과 같이 분류할 수 있다.

- **판매 목표(Financial goals, Sales Target)**이다. 목표에 의한 평가를 위해 숫자로 표시 되므로 누구에게나 명확하게 이해된다.
- **과정 목표(Milestone)** : 결과는 좋지만 과정이 부실한 경우도 있고 과정은 좋으나 결과가 부실한 경우도 있다. 일 년 내내 놀다가 큰 프로젝트 하나 수주하는 덕에 판매목표를 초과 달성하는 경우가 전자에 해당 된다면 일 년 내내 뼈 빠지게 신규고객 개척하고 기존 고객을 늘려 나갔음에도 목표를 달성하지 못하는 친구가 후자에 해당되는 것이다. 이런 경우의 수를 모두 고려하여 공정하게 평가하기 위해서는 과정 목표(milestone)가 필요한 것이다. 매월 신규고객 두 곳 이상 개척하기, 신규고객으로부터 연 매출 10% 이상 달성하기, 매월 고객 방문을 15회 이상 하기와 같이 영업 목표를 달성하기 위해 거쳐야 하는 과정에 대한 목표를 설정하는 것이다.
- **자기 계발 목표(personal development goals)** : 위 두 가지 외에 부수적으로 자기 계발 목표를 설정하도록 하여, 업무 외에 직원 스스로 자신의 능력을 계발하기 위한 목표를 설정하면 개인에게도 도움이 된다. 영어 실력을 향상시키기 위해 토플이나 토익 성적과 같이 계량화시킬 수 있는 것으로 목표를 설정하거나, 영업에 관한 서적을 매월 몇 권 이상 읽고 발표하거나, 혹은 독후감 제출하기 등도 좋은 목표가 될 수 있다.

자신의 업무 목표가 달성되었는지를 어떻게 알 수 있는가를 명확히 명기하여야 한다. 단순히 "매출을 많이 올리겠다." 이렇게 추상적으로 표현하는 것이 아니고 "매 분기 단위로 3억씩 연간 12억을 판매할 것이다. 평가는 매 분기 말에 목표대비 달성한 실적을 평가받는다."와 같이 명확히 정의해야 한다. 각 항목은 전체 평가에서 몇 %의 비중을 차지하는지를 기록해야 한다.

아래에 여러 가지 평가 항목을 이용하여 업무 목표에 대한 예를 설정해 보았다.

예 금년 업무 목표

❶ 내가 맡은 마켓에서 매 분기 단위로 3억씩 연간 12억을 판매할 것이다.
평가는 매 분기 말에 분기 단위로 평가를 받는다.
평가 점수는 전체의 50%가 반영된다.

❷ 내가 맡은 마켓에서 신규 고객 개발 목표는 연간 5개 업체이다.
신규 업체로부터 연간 1억의 매출을 올린다.
평가는 분기 말에 리뷰하고 연말에 합쳐서 평가한다.
평가 점수는 전체의 20%가 반영된다.

❸ 자기 계발 계획은 다음과 같다.
- 연간 10권의 비즈니스관련 서적을 한권 이상 읽고 독후감을 제출한다.
- 영어 실력을 배양하기 위해 학원 강좌를 수강한다. 연말 목표 토익점수는 800점이다.

평가는 연말에 하되 모두 10% 반영된다.

평가는 분기 말에 검토하는 과정을 거친 후 연말에 합쳐서 평가한다.

평가점수는 10%를 반영한다.

담당 직원이 먼저 작성한 후 리더가 이를 검토한다. 필요하면 수정하여 직원의 동의를 구한다. 동의된 개인의 업무 목표는 그대로 실행된다. 확정하기 전에 SMART 법칙을 염두에 두고 다시 한 번 점검해 보아야 할 것이다.

세 번째 단계로 중간 평가(Intermediate Confrontation)이다

설정된 평가 목표에 대하여 매 분기 말 혹은 매 6개월 말에 직원과 개인적으로 성과에 대한 평가(Performance Evaluation)를 위한 회의를 가져야 한다. 리더가 느끼는 점을 공정하고도 정직하게 당사자에게 설명해 주는 것이 필요하다. 잘하고 있는 점은 무엇이고 향상되어야 할 점은 무엇인지를 정확히 알려 주어야 해당 직원도 부서장이 자신을 어떻게 생각하고 있는지를 깨닫고 더욱 성실히 업무에 임할 수 있다. 평가할 때는 업무 목표에 대하여 측정 가능하도록 계량화하여 점수를 매겨 주어야 한다. 업무 목표에는 기록하지 않았으나 현저한 성과를 낸 것이 있으면 이를 기록한 후, 기존 평가 외에 따로 부가 점수를 주어야 한다.

많은 리더들이 직접 직원과 대면하여 중간평가를 하는 것을 두려워한다. 이런 대화를 통해 직원들의 사기가 저하될 것이라고 걱정한다. 그럴 수 있다. 더 중요한 것은 직원과 리더가 동일한 관점을 공유하는 것이다. 리더는 심각한 문제가 있는 직원이라고 생각하여도 당사자는 최고의 영업 직원이라고 믿고 있을 수 있기 때문이다. 이러한 관점의 불일치를 분기별 면담을 통하여 일치시켜야 한다.

실제로 시행해 보면 분기별 평가가 쉽지 않다. 강제적으로 시간을 할애하여 전사적으로 분기별 평가를 시행하여야 한다. 아예 연초에 분기별 평가일정을 고지하는 것이 좋다.

네 번째로 상대 평가제를 실시해야 한다

평가는 1등급을 최우수로 하여 5등급으로 나누는 것이 좋다.

절대 평가제를 시행하게 되면 좋은 게 좋다는 공식이 작동한다. 1등급 쪽으로 쏠림 현상이 심하게 발생하게 된다. 2~3년 하다 보면 모두 다 1등급이다. 결과적으로 평가 자체가 흐지부지하게 되고 만다.

무조건 상대평가를 하면 사업부별로 불공평한 조건이 될 수도 있다. 여러 사업부서가 있는 경우는 회사에서 사업부 평가를 먼저 해야 한다. 사업부를 A, B, C로 나눈 후 상대 평가를 할 때 강제 배분 비율을 A등급을 받은 사업부에는 가중치를 주면 사업부간의 불균형도 조정할 수 있다.

사업부(팀) 평가를 개인의 평가 지표에 반영하는 것은 직원들이 개인 목표 달성에만 집착하는 것을 방지해 주는 역할을 한다. 팀목표가 설정되므로 부서나 팀의 결속을 높여준다.

예를 들면 아래 표와 같다.

사업부	1등급	2등급	3등급	4등급	5등급
A	20%	30%	40%	10%	
B	10%	20%	40%	20%	10%
C		10%	40%	30%	20%

세로축은 사업부 혹은 팀의 평가 등급이고 가로축은 개인의 평가 등급이다.

표 안의 %는 강제 할당한 해당 사업부(팀) 직원의 총인원대비 인원수 비율(%)이다.

사업부(팀)가 A등급으로 평가를 받았다면 해당 사업부(팀)에서 1등급으로 배정하는 비율이 팀원의 20%로 높아질 수 있다. 사업부(팀)가 C등급으로 평가를 받았다면 개인은 아무리 잘해도 1등급을 받을 수 없다. 이러한 기준은 사업년도가 시작되기 전이나 시작하면서 직원들에게 제시되어야 한다.

개인적으로 4, 5등급을 받은 사람은 내년도 인사고과를 작성할 때 전년도에 제기된 문제점을 해결하기 위한 구체적인 실행계획서(action plan)를 작성하여야 한다. 코칭이 필요한 직원이므로 리더는 세심하게 해당 직원이 계획대로 향상되고 있는지를 살피고 도와야 할 것이다. 업무 능력 향상을 위한 실행계획서에는 직원 계발을 위한 연수 교육을 지원해야 한다. 어느 부분이 부족한지를 보고 부족한 부분을 교육을 통해 보충 받도록 조치를 취해야 한다. 직원의 부족한 면을 보충하기 위한 연수 교육이 다른 직원들에게 드러나서는 곤란할 것이다. 차기연도 사업계획을 수립하면서 모든 직원을 대상으로 연수교육을 신청 받는 것이 좋은데, 이 때 포함시키면 된다.

1등급에 해당 되는 직원은 다른 직원들과 차별화가 될 정도로 강하게 대우를 잘 해주는 것이 필요하다.

2등급도 어느 정도 급여 인상을 해주어야 한다.

3등급에 대해서는 급여 인상도 없고 감소도 없을 것이다

4, 5등급에 대해서는 새로운 기회를 주는 것이 필요하다. 5등급은 1년의 기회를 더 주고 4등급은 2년의 기회를 주는 것이 바람직하다. 기회를 주었음에도 진보가 없다면 더 이상 기회를 주어야 할지 말아야 할지를 결정해야 한다.

원 포인트 레슨 ▸▸▸ 인사고과는 잘하는 직원을 선별해 낼 수 있는 도구이다. 한명이 열 명을 먹여 살린다. 되는 놈에게 과감히 투자하는 것이 안 되는 놈 붙잡고 열 받아 가면서 고민하는 것보다 낫다. 잘하는 직원을 골라 더 잘하게 하면 사업은 성공이다.

3

원칙(原則)과 변칙(變則)과 예외(例外)

리더는 인기투표로 뽑힌 것이 아니다.

나의 보스가 입버릇처럼 되뇌던 말이다.

리더는 부하 직원으로부터 인기를 얻어야 하는 사람이 아니고 존경을 받아야 하는 사람이다. 많은 리더들이 부하들로부터 인기를 얻기 위해 애를 쓴다. 위대한 리더가 되려고 애쓰기 보다는 좋은 리더가 되려고만 한다. 짐 콜린스의 '좋은 기업을 넘어 위대한 기업으로 Good to Great'이라는 책에서도 언급된 것처럼 좋은 것은 위대함의 적이다. 이 사실을 모르고 많은 리더들이 좋은 것이 위대함의 예비 단계인 것으로 착각한다. 사회적인 분위기도 그렇고 해서 이런저런 이유로 직원들에 대한 리더의 태도가 인기 위주로 변해가고 있는 것 같다.

회사의 조직 규모가 작을수록 밀접한 인간관계 때문에 공정한 평가는 더욱 멀어진다.

이럴수록 리더에게 더욱 요구되는 것은 원칙이다.

어떤 직원의 특별한 사정을 봐 주기 위해 원칙을 포기하고 변칙을 사용하면 다음번에는 또 다른 직원의 사정을 봐줘야 하는 일이 생긴다. 리더가 스스로 원칙을 포기하면 직원들도 똑같이 그 원칙을 더 이상 적용되지 않는 것으로 간주하고 무시하게 된다. 후에 리더가 그 원칙을 준수하려고 하면 쟤는 봐주면서 나는 왜 봐주지 않느냐는 식으로 불만이 터져 나온다. 조금 힘들더라도 원칙을 지키려고 하라. 변칙은 사용하지 않겠다고 스스로에게 다짐하라.

변칙과 예외는 구분해야 한다.

예외 없는 원칙은 없다. 예외를 적용할 때는 이것이 예외라는 것을 분명히 하라. 당사자뿐 아니라 다른 관련 직원 모두에게 이것은 예외라는 것을 명확히 하라. 이러한 예외는 다시 되풀이되지 않을 것이라고 선언하라. 유사한 경우가 차후에 발생하더라도 원칙을 지켜나가는 데는 문제가 없을 것이다.

직접 개인에게 금전적으로 손해가 되는 어떤 일을, 원칙대로 시행하기 위해 설득하기는 쉽지 않다. 그게 우리나라의 좋은 점이기도 하고 개선해야 할 점이기도 하다.

원 포인트 레슨 ▸▸▸ 예외 있는 원칙을 지키는 것이 변칙보다 중요하다. 변칙을 좋아하면 소탐대실이 찾아온다. 리더의 역할은 회사의 비전을 제시하고 직원들의 역량을 한군데로 모아서 그 목적을 달성할 수 있도록 이끌어 나가는 것이다. 이미 당신은 리더이다. 인기에 연연하지 마라

4
직원의 동기 부여를 위한 맛있는 메뉴

내가 만든 공식 중에 업무의 성과를 나타내는 것으로 P = C × M × F 라는 것이 있다.

- P : 업무 성과(Performance)
- C : 능력(Capacity)
- M : 의욕(Motivation)
- F : 운(fortune)

운이라는 변수가 사실 제일 중요한데 나는 운이라 쓰고 하나님의 인도라고 읽는다.

어쨌거나 운이라는 변수를 제외하면 능력이 아무리 높더라도 의욕이 없으면 성과가 나오지 않고, 의욕이 아무리 높더라도 능력이 부실하면 역시 성과가 떨어지게 된다.

리더라면 직원의 능력을 계발하는 것과 의욕을 높이는 방법 중 어느 것이 더 효과적인지 생각해 봐야 한다. 능력을 계발하는 것보다는 의욕을 높이는 편이 훨씬 쉽다. 개개인의 능력 계발은 아무래도 시간이 걸린다. 신바람이라는 말이 있듯이 우리나라 사람들의 DNA에는 특유의 열정을 가지고 있다. 적절히 동기 부여만 되면 얼마든지 짧은 시간에 성과를 낼 수 있다.

어떻게 동기를 부여할 것인가?

욕구이론과 과정이론이 있다. 욕구이론은 사람에게는 반드시 기본적으로 채워져야 하는 욕구가 있기 때문에 이 욕구를 충족시켜주면 의욕이 발생한다는 것이고, 과정이론은 인간에게 어떤 욕구가 있다고 전제하기보다는, 욕구가 생기는 과정에 대해 연구하여 욕구를 높이는 과정을 사용하여 동기와 의욕을 높일 수 있다는 것을 규명한다.

매슬로우(Maslow)의 욕구 5단계설은 경영학 원론을 공부한 사람이라면 모두 기억하고 있을 것이다. 매슬로우는 인간에게는 다섯 종류의 욕구가 있고 제일 낮은 단계부터 차례로 생리적 욕구, 안전의 욕구, 사회적 욕구, 존경의 욕구, 자아실현 욕구로 발전한다고 했다. 생리적 욕구가 높은 사람에게 이를 충족시킬 수 있게 해 주면, 의욕이 솟는 것이고, 사회적 욕구가 부족한 사람은 이를 채워주면 동기가 유발된다. 하위 욕구가 채워지면 그 다음에는 상위욕구를 충족시켜 주어야 계속 의욕이 솟는다.

욕구단계론에 의하면 현금 보상만으로는 완전한 보상이 이루어졌다고 믿기 어렵다. 금전적 보상 못지않게 명예가 같이 부여되어야 높은 수준의 욕구를 충족시켜 줄 수 있다. 회사의 보상 체계를 설계할 때 반드시 고려해야 할 부분이다.

과정이론에서 대표적인 것은 브룸(Vroom)과 포터(Porter) 등이 개발한 기대이론(Expectancy theory)이다. 기대이론은 인간이 노력을 할 때에는 앞일을 예측해 보고 성공 확률을 계산하여 결정을 한다는 것이다. 노력을 기울이면 성과를 낼 수 있는가, 성과를 낼 수 있는 확률이 어느 정도인가, 성과가 나면 내가 원하는 보상이 따라오는가 하는 것을 추론해 본다는 것이다. 자신이 원하는 것을 미리 얻을 수 있는지 그 기대 정도에 따라 동기가 유발될 수 있다는 것이다. 직원들에게 긍정적 강화가 필요한 이론적 근거가 여기 있다.

왜 사람들에겐 외부로부터 동기 부여가 필요한 걸까.

왜 스스로 알아서 잘하지 못하는 걸까. 이에 대한 연구가 일찍이 있었다.

맥그리거의 X이론과 Y이론이다.

맥그리거(Doulglas McGregor)는 인간의 본성(nature of human being)에 대한 두 가지 구별되는 견해를 제시하였다. 인간을 부정적으로 보는 X이론과 긍정적인 관점인 Y이론이 그것이다. 그는 경영자가 종업원을 취급하는 것을 관찰한 후에 인간의 본성에 관한 경영자의 관점을 일단의 가정에 기초를 두고 이들 가정에 따라서 종업원들에 대한 그들의 행동을 형성한다고 보았다.

맥그리거의 X, Y이론을 통해 사람이란 이러한 두 가지 종류의 본성이 혼재되어 있는 존재라고 이해해야 할 것이다.

X이론적인 부정적인 모습을 보일 수 있다는 전제 아래 조직의 목표를 달성하기 위해서는 강제, 명령, 처벌 및 위협의 방법도 이용해야 한다. 이들의 동기는 대체로 낮은 수준의 욕구, 즉 생리적 욕구와 안전의 욕구수준에 머무르고 있으므로 이런 저차원 욕구를 충족시키는 방법을 이용하여 동기부여를 시키는 것이 효과적이다.

특히 재무 경리 부문에서는 X이론적인 전제가 필수적이다. 견물흑심(見物黑心)이므로 반드시 내부 통제가 실시되어야 하고 X이론 본능인 모럴 해저드가 일어나지 않도록 적절한 시스템으로 통제하여야 한다.

모든 조치의 목적은 직원을 Y이론적으로 변화시키는 데 두어야 한다. 일일이 명령과 통제를 받지 않더라도 자기지향과 자기통제를 행할 수 있다는 긍정적이고 적극적인 암시와 확신을 주어야 한다. 이러한 확신을 보여 주고 또 고취시켜 나가면 나갈수록 본성 중에 Y이론적인 요소를 밖으로 이끌어 낼 수 있는 훌륭한 리더가 될 수 있는 것이다.

영업직원들의 동기 부여를 위한 여러 가지 메뉴가 있을 것이다.

무엇보다 가장 자극적인, 직접적인 방법은 영업 실적과 인센티브를 연계시키는 것이다. 우리 직원들은 돈을 위해서가 아니라 회사에 대한 긍지와 자부심 때문에 일하고 있을 것이라는 생각은 착각이다. 누구나 다, 보다 더 나은 물질적인 보상을 마음 깊이 바라고 있다. 돈을 밝힌다는 말이 개인에겐 모욕적일 수 있으므로 겉으로는 그럴듯한 미사여구로 자신을 감출 수 있으나 사람의 본질적인 본능을 무시하면 실패한다. 너무나 마음 깊이 숨겨두기 때문에 정말 관리자가 착각할 수 있다. 착각은 자유다.

동기부여를 위한 방안으로 인센티브 제도만으로는 불충분하다.

스톡옵션(Stock Option)제도가 있다.

미국에서 1981년 경제회복세금법(Economic Recovery Tax Act)에 의해 채택된 이래 한국의 기업에서도 부분적으로 적용되고 있는 제도이다. 기업의 경영성과와 개인의 보수를 연결시키는 방법으로 기업의 경영성과가 좋으면 주식 가격이 올라갈 테고, 그 만큼 스톡옵션을 부여 받은 직원도 이득을 보는 제도이다. 우리나라와 같이 회사의 실적과 주가가 그대로 비례하지 않는 상황에서는 스톡옵션 부여가 생산성 향상의 수단으로 활용되기는 어렵다. 직원에게 부여하는 인센티브의 하나라고 생각하는 것이 낫다.

직원의 자기 계발을 위한 비용을 일정액 지급해 줄 수도 있다.

특히 건강 향상을 위한 활동에도 일정액 지급하면 좋다.

직원의 건강을 위해 별도의 생명보험이나 건강보험을 직원과 반반씩 부담하여 가입하는 것도 좋은 방법 중의 하나이다. 만기에 불입액을 환불받는 제도를 선택하면 직원들에게 보험의 효과뿐 아니라 자금 적립의 효과도 있어서 좋다. 회사 근처의 헬스클럽의 가입비를 지원하여 직원들에게 건강관리를 스스로 할 수 있도록 이끄는 것도 회사를 위해 유익하다.

영업직원들의 차량을 지원하던가 아니면 자동차 구입을 위한 자금을 무이자로 빌려줄 수도 있다. 좀 더 회사의 형편이 넉넉하다면 주택 구입자금을 무이자나 저리로 직원들에게 대출해 줄 수도 있다. 주택 자금 융자 제도는 유능한 직원을 계속 회사에 붙잡아 둘 수 있는 강력한 유인 요인이 될 수 있다. 능력이 있는 직원을 대상으로 각종 교육 훈련에 참가할 수 있는 기회를 주는 것도 좋다.

원 포인트 레슨 ▸▸▸ 일단 동기부여만 되면 우리는 열정적으로 몸 바쳐 해내는 디엔에이(DNA)를 갖고 있다. 어떻게 동기부여를 할 것인가는 리더의 몫이다. 늘 고민해보라. 어느 메뉴가 우리 직원의 입맛에 맞는지를.

5

코칭(coaching)과 권한 이양(Empowerment)

코칭(coaching)이론이 조직운영에 새로운 바람을 불러일으키고 있다.

15여 년 전에 코칭이라는 것을 처음 듣는 순간 '바로 이거다!'라는 생각을 했고 2002년 한국리더십센터에서 실시한 제2회 코치 양성 과정을 이수한 다음부터 코치의 길에 많은 관심을 가지게 되었다.

코칭은 리더가 부하직원에게만 행하는 것이 아니다. 기업체 고위 임원도 부하 직원들에게 비춰지는 자신의 리더십 스타일을 바로잡거나, 개인적 목표 달성을 위한 수단으로 활용한다. 과거의 경직된 수직관계에 익숙한 리더들이, 이해되지 않는 신세대적 행동과 사고방식을 가진 부하 직원들을 어떻게 이끌어 갈수 있는지에 대해 코칭을 받기도 하고 또 부하 직원들과의 딱딱한 관계를 개선하고 조직을 활기차게 변화시키기 위해 코칭 기법을 활용하기도 한다.

코칭의 개념과 맞물려서 조직에서는 임파워먼트(Empowerment)라는 개념이 있다. 임파워먼트는 직원들의 능력과 의욕을 높여주기 위해 실질적인 권한 이양을 통하여 부하직원들의 능력을 고양하는 것이다.

그러면, 구체적으로 어떻게 임파워시킬 수 있는가?

첫째는 실질적인 권한 이양을 통한 임파워먼트를 추구해야 한다

직원들이 일일이 결재를 받지 않고도 일을 할 수 있는 재량권을 높여 준다. 영업담당자가 자신의 판단으로 가격 네고를 해줄 수 있는 폭을 사전에 정한다든가 예산 범위 안에서 일정금액 이하의 접대는 리더의 결재를 득하지 않고도 할 수 있어야 한다. 실질적인 권한 이양을 위해서는 별도의 규정을 만들어 책임과 권한을 명확히 해야 한다. 명확하게 규정된 책임과 권한이 있어야 영업직원들이 자신의 판단으로 스스로 주체가 되어 소사장(小社長)처럼 영업을 수행할 수 있다.

영업 부서에서 제일 민감한 비용중의 하나가 접대비이다. 금액의 한도와 전결 범위에 대한 지침을 만들고 이를 숙지하게 한 후 시행하도록 하면 주어진 범위에서 해당 직원들은 재량껏 업무를 수행할 수 있는 것이다.

둘째는 구조조정(restructuring)을 통한 조직의 수평화이다

서열체계가 뚜렷한 수직적 조직구조(Vertical structure)하에서는 권한 이양(empowerment)은 사실상 불가능하다. 영업 담당자와 부서장(리더) 사이에 최대한 계층을 단순화시켜야 한다. 영업 담당자와 최종 의사 결정자 사이에는 사업부의 규모에 따라 한 계층만 존재하도록 수평적 의사 결정 구조로 바꾸어야 한다. 이러한 수평구조는 신속한 의사 결정 외에도 모든 직원에게 골고루 의사 결정권이 분산될 수 있으므로 더 많은 직원들이 영업에 집중할 수 있도록 한다.

셋째는 공정한 보상 체계를 마련하는 것이다

권한을 이양하면 새로운 아이디어를 창출해 내고 과거의 관행에 얽매이기 보다는 자주적으로 의사 결정을 내릴 수 있다. 반면 경험이나 지식의 부족으로 잘못된 결정을 내릴 가능성도 있다. 잘못된 의사 결정에 대하여 책임만을 묻는다면 직원들은 권한이양을 두려워하고 오히려 받아들이지 않으려고 할 것이다. 일이 잘되고 못 되는 것은 여전히 리더의 책임이다. 의사결정이 잘못되지 않도록 관심을 가지고 있어야 한다. 권한이양을 받은 직원들이 스스로의 결정에 따라 수행하여 좋은 결과를 낳게 되면 아낌없는 보상도 이루어져야 한다. 공정하고 적절한 보상체계가 마련되어 있어야 직원 스스로 능력 개발을 위해 투자할 것이고, 신바람 나게 일할 수 있는 분위기를 구축할 수 있다.

마지막으로 위임과 방임은 구분되어야 한다

단지 의사 결정권을 이양한 것으로 모든 일이 잘 이루어질 것으로 생각하는 것은 오산이다. 위임하되 방임해서는 안 된다. X이론적 관점에서 직원을 방임해 두면 반드시 사고를 치게 된다. 사고 친 다음에 수습책을 고안하기 위해 애쓰기 보다는, 사고 치기 전에 업무의 진행 상황을 잘 점검해야 한다. 직원에게 위임했다고 해서 직원이 만능이라고 생각하지 말고 주어진 범위에서 역할에 충실하도록 이끌어야 한다. 책임은 리더에게 있다.

원 포인트 레슨 ▸▸▸ 아이들을 어른으로 대접해 보라. 어른스럽게 행동할 것이다. 직원들이 스스로 직무를 잘 감당할 수 있다는 전제에서 이에 걸맞은 권한을 이양해 보라. 최선을 다해 일할 것이다. Y이론에 기초한 것이다.

6

목표에 근거한 인센티브(incentive) 제도

— 목표수립 방법

세일즈 인센티브(혹은 보너스) 제도는 영업목표의 달성 여부에 따라 직원에게 지급한다. 경영이익이 많이 남아 직원에게 나눠 주는 것은 경영 성과급으로 인센티브와는 다르다.

기업들이 시행하는 인센티브제는 근본적으로 목표와 성과라는 개념에 기초하고 있다.

즉 목표관리(Management By Objective, MBO)에서 정확한 목표 설정과 성과 측정이라는 두 가지 축을 기본으로 하여 인센티브가 정해진다. 목표가 없으면 달성도 없다. 달성이 없으면 인센티브도 없다.

영업 목표수립 방법은 하향식(top down)과 상향식(bottom up) 두 가지가 있다.

하향식(top down)은 경영자나 리더가 목표를 일괄 설정한 후 각 사업부나 개인들에게 목표를 할당하는 것이다. 직원과 사전 협의를 필요로 하지 않으므로 목표 설정 과정은 손쉬운 편이다. 하지만 직원들이 목표에 대하여 갖는 책임감은 덜하다. 내 목표가 아니라고 생각한다.

상향식(bottom up) 방식은 영업 담당자가 직접 목표를 설정하는 것이다. 담당자가 설정한 목표를 리더가 보고 협의하여 최종 결정하는 것이다.

두 가지 방법 모두 리더와 영업 담당자가 목표를 조율하는 과정을 거친 후 최종 결정이 된다.

그럼에도 목표를 설정하는 가장 바람직한 방법은 두 방식을 배합하여 사용하는 것이다.

먼저 상향식으로 목표를 취합 한 후 그 내용을 경영진에서 검토하여 합당한지 판단 한 후에 회사의 전체 성장목표를 설정한 후 다시 설정된 목표를 하향식으로 개인에게까지 하달하는 과정을 거친다.

❶ 개인별로 차기 년도 사업목표를 설정하도록 한다. 이때 몇 가지 조건을 같이 줄 수 도 있다. 예를 들어 전년 실적대비 반드시 일정 퍼센트 이상의 성장 목표를 설정해야 한다던가, 특정 신제품 판매에 대한 의무를 부과할 수도 있다.
❷ 개인별로 작성된 것은 단위부서, 팀 혹은 사업부 별로 취합되어 조정한 후 경영진에게 제출된다.
❸ 경영진에서는 상향식으로 취합된 성장목표가 적절한 것인지를 판단한다. 재무책임자는 인센티브 지급액을 포함한 손익계산서를 작성해 보아야 하고 몇 가지 모델을 만들어 비교하여 어느 선

에서 내년도 성장목표를 잡을 지를 결정한다. 상향으로 올라온 매출목표는 대부분의 경우 경영진이 원하는 목표보다는 낮을 것이므로, 상향식으로 취합된 목표를 감안하되 경영진이 원하는 것과 크게 차이가 난다면 경영진에서 목표를 제시할 수도 있다. 취합된 매출목표가 경영진의 기대에 부응된다면 그대로 목표를 설정할 수도 있다.

❹ 경영진에서 설정된 매출목표는 다시 하향식으로 내려가 개인에 이르기까지 목표수정작업을 거치도록 한다.

❺ 사업부 별로 일률적으로 성장목표를 설정하는데 불합리 할 수 있다. 그런 경우 사업부 별로 조금씩 증감하여 조정하는 것은 무방하다. 회사 전체 성장 목표는 변하지 않아야 한다.

❻ 매출 목표는 개인별, 팀별, 사업부 별로 설정하되, 고객별, 제품별, 월별 판매목표가 수립되어야 한다. 그래야 관리가 된다.

원 포인트 레슨 ▸▸▸ 인센티브 제도가 없는 영업회사는 꼭 도입을 검토하길 바란다.

7
목표에 근거한 인센티브(incentive) 제도
— 보상 방법

목표가 설정된 후에 결과가 나왔을 때 어떻게 보상할 것인가?

먼저 보상 시기이다. 매 분기별로 보상하는 것이 좋은가 아니면 매월 보상하는 것이 좋은가 아니면 매년 1회 보상하는 것이 좋은가? 직원들의 적절한 동기 유발을 지속적으로 고취하기 위해서는 분기별로 인센티브를 지급하는 것이 바람직하다. 매년 1회는 기간이 너무 길고 매월 1회는 인사부의 작업량이 너무 많다.

1분기가 끝나면 1분기의 성과에 대한 측정과 보상을 한다.

2분기가 끝나면 1분기 실적과 2분기 실적을 합산하여 목표와 비교한다. 즉 2분기까지 누적목표와 실적을 비교 평가하여 보상을 시행한다.

3분기가 끝나면 1분기, 2분기, 3분기까지의 실적을 합산하여 누적실적을 누적목표와 비교한다.

4분기가 끝나면 1년간의 실적을 목표와 비교평가하여 인센티브를 지급한다.

각 분기별로 100% 달성한다는 전제로 인센티브 목표 지급액이 개인별로 사전 설정되어야 한다.

1분기에 목표를 훨씬 초과하여 달성하였어도 1~3분기 동안에 지급하는 것은 100%까지만 인센티브를 지급한다. 즉 초과 달성한 부분은 1분기에는 지급하지 않는다. 그렇지 않으면 1분기에 초과 달성한 부분만큼 인센티브를 받아갔다가 2분기에 실적이 지극이 저조하면 오히려 받은 것을 도로 내어 놓아야 하는 경우가 발생할 수 있으므로 이를 방지하기 위해 제한을 둔다. 2분기에는 1분기와 2분기의 실적을 합산하여 평가하므로 2분기 실적이 저조하더라도 여전히 1분기 실적이 뛰어나기 때문에 2분기에서도 인센티브를 받을 수 있는 합리적인 면이 있다.

4분기가 끝나면 연간 실적을 목표 대비하여 평가 정산 지급되므로 1년 단위로 보았을 때 인센티브는 계획대로 지급받을 수 있다.

분기별로 평가가 이루어지므로 혹시 한 분기의 목표에 미달하였더라도 다음 분기에 재기할 수 있는 기회를 주므로 영업직원들의 계속적인 동기유발을 이끌어 낼 수 있다.

목표의 몇 퍼센트를 달성했을 때 인센티브를 지급할 것인지는 정하기 나름이다. 대개 목표가 스트레칭된 목표 즉 최선을 다해야만 겨우 달성할 수 있을 정도의 도전적인 목표라면 70% 또는 80%를 달성했다면 인센티브를 지급하는 프로그램을 설계하는 것이 바람직하다.

즉 실적이 목표의 80%를 달성했다면 기 설정된 인센티브 금액의 80%를 받을 수 있도록 한다.

100%가 달성되었다면 기 설정된 인센티브 금액의 100%를 받는다.

100% 달성을 기준으로 인센티브를 연봉의 몇 퍼센트로 설정할 것인지는 회사의 형편에 따라 달라진다. 이를 혼합급여(Pay mix)라고 하는데 연봉과 인센티브의 비율을 나타낸다. 상대적으로 안정되고 성숙된 마켓을 담당하는 영업직원들은 연봉과 인센티브의 비율을 8 : 2 정도로 하는 게 적합하다. 연봉이 5천만원이라면 인센티브 금액은 1천2백5십만원이 되는 것이다. 성장하고 있는 마켓이나 더 크게 성장할 수 있는 지역이지만 신규 마켓이어서 리스크도 크다고 하면 이들 마켓 담당 직원은 연봉과 인센티브의 비율을 7 : 3으로 해도 된다. 만약 연봉이 5천만원이라면 인센티브는 2천1백4십2만원이 된다. 혼합급여(Pay Mix)는 직군별로 사업부별로 또는 개인별로 달리해도 되지만 내부적으로 뚜렷한 원칙이 있어야 할 것이다.

도전적인 목표를 설정하였음에도 실적이 목표를 초과하여 예를 들어 120%를 달성한다면 인센티브의 상한선을 어떻게 둘 것인가? 상한선을 설정하여도 합리적이고 설정하지 않아도 좋다. 단 상한선을 설정하지 않는다면 예를 들어 120% 이상 달성한다면 인센티브의 지급 비율은 같은 기울기로 늘어나는 것이 아니라 더 낮게 늘어나는 것이 합리적이다. 즉 120%까지 달성한다면 인센티브 지급액도 100% 달성시 지급할 것으로 설계된 금액의 120%를 지급하지만, 150%까지 목표를 초과 달성한다고 해서 인센티브로 150%를 지급할 필요는 없는 것이다. 130% 정도 지급하는 등 지급율을 더 낮게 설계하는 것이 바람직하다.

원 포인트 레슨 ▸▸▸ 우리 실정에 맞는 인센티브 제도를 설계하되 공평과 투명성이 생명이다.

8
목표에 근거한 인센티브(incentive) 제도
— 목표와 실적의 오차를 줄일 수 있는 방법

인센티브의 목표를 설정하는 과정에서 필연적으로 발생하는 현상이 있다. 영업 담당 입장에서는 목표를 적게 설정하려 하고, 리더는 목표를 높게 주려고 한다. 목표 설정 문제로 서로 밀고 당기는 현상을 샌드배깅(sandbagging)이라고 부른다. 샌드배거(sandbagger)란 골프에서 자신의 실력(핸디캡)을 고무줄처럼 수시로 변경시키는 골퍼를 가리키는 말로, 핸디캡 치퍼(handicap cheater)라고도 한다. 도무지 달성할 수 없는 목표라고 일부러 엄살을 떠는 현상을 샌드배깅(sandbagging)이라고 부른다. 아시아 사장과 목표를 선정하는 과정에서 나도 몇 번이나 샌드배거라는 말을 들은 적이 있다. 나는 펄쩍 뛰며 그런 것이 아니라고 부인했지만 누가 스스로 목표치를 높게 잡고 싶겠는가? 더구나 내 밑의 직원들에게 고스란히 그 목표를 나눠줘야 하는데 인센티브가 걸려있다면 더더욱 그렇게 하지 않을 것이다.

영업직원은 언제나 낮은 목표를 설정하려고 애쓴다. 인센티브 기준 목표가 낮으면 낮을수록 받을 수 있는 인센티브는 상대적으로 커지기 때문이다. 낮은 목표를 합리화하기 위해서 어려운 시장 상황을 들기도 하고 특정 고객이 얼마나 우리에게 비협조적인지를 리더에게 납득시키기 위하여 애를 쓴다. 리더가 20%의 성장 목표를 요구 한다면 10%의 성장도 얼마나 달성하기 힘든 것인지를 강조한다. 결과적으로 네거티브 토론만 계속하게 되는 단점이 생긴다.

소모적인 회의를 중단하면서 목표에 근거한 인센티브제를 실시할 수 있는 방법이 있다. 인센티브의 지급 범위는 리더가 결정하되 목표를 설정하는 것은 영업직원이 하도록 하는 것이다. 목표 설정의 정확성과 자율성을 동시에 달성하는 방법이다. 브라질의 한 다국적 기업에서 사용하는 방법이라고 하는데 꽤 유용하다.

자세히 살펴보자. 영업 직원은 스스로 판매 목표를 설정할 수 있는 권한을 갖는다. 단 리더가 만들어준 판매 목표 범위와 인센티브 비율 표 안에서 결정한다.

개인 판매목표	인센티브지급액 = 연봉 × 아래 나타난 %				
	10%	15%	20%	25%	30%
10억	(3)8억대	(2)12억 이상	9억대	11억대	(1)10억대
12억	10억대	14억 이상	11억대	13억대	(4)12억대
14억	12억대	16억 이상	13억대	15억대	14억대
16억	14억대	18억 이상	15억대	17억대	16억대

위의 표는 리더가 준비하여 영업 직원들에게 제시하는 것이다.

매출 목표설정을 위해 전년도의 실적과 시장 상황을 종합하여 리더는 개인에 대한 특정 판매 목표액을 할당해 주는 것이 아니고, 원하는 판매 목표 범위를 결정한다. 이 표에서는 세로축이 개인 판매 목표 범위로서 최소 10억에서 최대 16억을 범위로 결정하였다. 즉 리더는 영업담당에게 내년에 최소 10억에서 16억은 팔 것을 제안하는 것이다. 영업담당자는 리더가 설정한 10억~16억 범위 안에서 10억이든 12억이든 14억이든 16억이든 판매 목표를 마음대로 선정할 권한이 있다.

가로축에 나타난 값 즉 10%부터 30%는 지급될 인센티브를 나타내는 것으로 각자 연봉에 대한 비율이다.

표에 나타난 데이터 즉 8억부터 16억은 영업 실적 값(1년이 지난 후의 결과)을 나타낸 것이다.

표의 값은 많이 판다고 해서 더 높은 인센티브를 받을 수 있도록 설계되어 있지 않다. 자신이 예측한 목표금액과 실적이 일치할수록 더 높은 인센티브를 받는다.

예를 들어 내년에는 12억을 판매목표로 해야 가장 타당하다고 리더가 생각하고 있다 하더라도 영업담당이 10억이 본인이 팔 수 있는 최대라고 주장할 수 있다. 10억 이상만 설정한다면 리더가 설정한 범위 안에 있으므로 문제없이 받아들여진다. 영업 담당은 10억을 선정하고 리더도 동의한다.

영업 목표는 10억으로 정해졌다.

1년이 지난 후 실적이 10억 5천으로 나온다면 10억 목표에 10억5천 실적을 달성했으므로 표의 (1)처럼 그는 연봉의 30%를 최대한도(full bonus) 영업 보너스로 받게 될 것이다. 12억을 달성했다면 (2)에서 15%만 받을 수 있을 것이다. 즉 목표인 매출 10억 목표를 초과

하는 12억대를 달성했음에도 불구하고, 받을 수 있는 인센티브는 오히려 더 줄어드는 것이다, 8억을 달성했다면 인센티브는 (3)에서 10%만 받을 수 있다. 8억 미만을 달성했다면 인센티브는 없다.

영업담당 직원의 선택에 의해 결과적으로 보너스의 금액이 결정된다. 만약 리더가 주장하는 대로 12억을 설정하고 12억을 달성했다면 그의 보너스는 (4)에서처럼 30% 최대로 받을 수 있을 것이다.

영업 직원의 경력이 일천하다면 목표 설정할 때 리더도 같이 적극적으로 도와주는 것이 좋다. 목표설정이 로또 찍기는 아니기 때문이다.

리더는 이 표를 만들 수 있는 권한이 있으므로 회사의 방침이나 형편에 따라 인센티브 지급 비율은 조정할 수 있다. 최대 연봉의 40%까지 설정하거나 10%로 설정하여 지급할 수도 있고 목표를 달성하지 못했다면 아예 0%를 지급하게 만들 수도 있다.

이 방식은 목표의 정확성에 초점을 맞추고 있다. 내년도의 정확한 매출 예측이 필요하다면 이러한 인센티브제를 실시하면 좋다. 영업 담당자들이 최선을 다해서 정확한 목표를 설정할 것이고 또 달성하기 위해 노력할 것이다.

원 포인트 레슨 ▸▸▸ 적절한 보상 체계가 직원들의 동기를 유발하는 데 가장 효과적이라는 점은 의심할 바 없다. 리더라면 우리 현실에 맞는 보상체계를 만들어 보자

9
최고의 효과를 보장하는 직원 보상법
— 가족 마케팅

직원들이 목표보다 높은 성과를 이루어 냈다면 그에 대한 보상설계도 감안해야 한다.

첫 번째 직원보상의 가장 일반적인 방법은 금전적 보상이다

GE의 회장이었던 잭 웰치가 이사회 도중 "나는 돈을 위해서 일하지 않는다"는 어느 이사의 말을 듣고 말도 안 되는 소리 집어 치우라며 크게 꾸짖었다는 일화가 있다. 솔직해지자. 어떤 화려한 이유를 대더라도 돈이 전제되지 않으면 사실 의미가 없다. 우리는 자선단체에서 일하는 것이 아니다. 교회에서 봉사하는 것도 아니다.

가능한 많은 보상 즉 직장생활을 해도, 사업하는 사람 부럽지 않을 정도의 성과 보상체계를 가질 수 있다면 그 회사는 발전할 가능성이 높다.

월급을 말하는 것이 아니다. 성과에 대한 별도의 보상을 말하는 것이다. 성과급은 성과에 따라 주어질 수도 있고 주어지지 않을 수도 있다. 성과가 나쁘면 회사에서 지급하지 않으면 된다. 회사 입장에서는 손해 보는 장사가 아니다. 직원들에게는 가장 필수적인 보상은 금전이다. 현금이다.

두 번째로 금전적인 보상체계가 잘 갖추어져 있다면 다음 단계를 생각해 보아야 한다. 금전과 함께 명예를 높여 주는 것이다

사람은 돈만으로는 진정한 만족을 얻을 수 없다. "칭찬은 고래도 춤추게 만든다.", "칭찬은 여러 사람 앞에서, 질책은 단 둘이서." 이런 말들은 익히 들어서 알 것이고 실제로 사실이다. 성과가 높은 직원이나 부서를 명예롭게 만들어 주어야 한다. 잘한 사람을 칭찬하고 인정해주는 것이 자연스럽고 긍정적으로 받아들여지는 조직 풍토를 만드는 것 또한 중요하다. 잘한 사람을 질시하고 오히려 왕따로 몰아나가는 환경에서는 사업을 성공하기 어렵다. 능력 있는 사람은 회사를 떠나게 되고 무능한 사람들로 뒤덮인 조직으로 전락할 것이다.

여러 가지 방법을 동원해 보라. 이달의 최우수 부서, 분기 최우수 부서를 선발하여 칭찬하고 격려해 준다. 주의할 사항은 개인을 시상하면 조직의 균열을 가져올 수 있다. 가능한 부서(팀) 단위 위주로 시상하되 특별히 공적이 큰 개인이 있다면 별도로 시상해도 좋다. 제일 위험한 것은 부서나 개인이 돌려가며 상을 나누어 먹는 것이다. 지난번에는 어느 부서가 상을 받았으니 이번에는 어느 부서가 받는 것이 좋겠다는 식이다. 이런 상황에 이르면 차라리 시상을 하지 않는 것이 좋다. 어느 한 개인이나 부서가 특출나게 잘해서 그 개인이나 부서만 상을 계속 받는다면, 아예 조직을 변경하여 마켓을 재구성할 수도 있고, 시상 3회 제한을 두어 연속 3회를 받으면 그 다음 실적을 보인 부서가 상을 받도록 제도화하면 된다.

세 번째 만약 직원들의 숫자가 많지 않으면 전 직원을 대상으로 혹은 실적이 가장 우수한 부서만을 대상으로 가족들과 함께 유명한 리조트들이 많은 동남아나 중국으로 여행할 수 있는 기회를 제공하는 것이다

현지의 프로그램은 자유여행으로 하고 가족들끼리 즐거운 시간을 보낼 수 있게 한다. 가족들을 동반한 단체여행에서는 직원 본인의 비용은 100% 회사에서 지원하고 배우자는 50%, 배우자를 제외한 자녀들은 개인이 전액을 부담하는 조건을 제시하면 회사의 비용은 줄고 직원들의 부담도 그리 크지 않다. 그럼에도 불구하고 직원들의 호응도는 매우 높다. 가정의 아내가 좋아해야 회사 직원들의 만족도도 높아진다.

회사에서는 토, 일요일을 포함하여 가되 목, 금 이틀은 직원들의 연차를 사용하면 된다. 연차 수당 지급액을 줄일 수 있으므로 회사 비용을 더 줄일 수 있다.

의외로 직원들과 가족들의 만족도가 매우 높은 것이 가족 동반 단체여행이다. 꼭 한번 시도해 보라.

원 포인트 레슨 ▸▸▸ 가족 마케팅이라고 할까? 직원 개인에 대한 보상도 좋지만 그 혜택이 가족들에게도 부분적으로 하지만 직접적으로 부여될 수 있도록 보상 체계를 설계해 보자. 직원들의 만족도가 매우 높아질 것이다.

10
스타즈 모델
The STaRS Model

회사를 옮기거나 부서를 옮기게 되어 새로운 조직을 맡게 되면 어디서부터 손을 대야 할지 고민하게 된다.

사람마다 여러 행동 스타일이 있겠지만 기존의 영업 전략이나 조직을 그대로 따라가면서 자신이 발견한 개선점을 바탕으로 점차 변화시켜 나가는 경우도 있을 것이고, 기존 조직을 완전히 해체한 후 새롭게 조직을 구성시켜 나가는 경우도 있을 것이다.

마이클 와트킨스(Michael Watkins)의 '첫 90일'(The First 90 Days)이라는 책을 보면 이럴 때 사용할 수 있는 알맞은 도구가 있다. STaRS 모델이다.

STaRS란 단어는 Start-UP, Turnaround, Realignment, Sustaining Success의 네 가지 상황을 설정한 단어의 머리글자를 따서 만든 말인데, 단어의 편의상 a를 삽입한 것이다.

먼저 새롭게 책임을 맡은 조직이 어떤 상태에 있는지를 파악해야 한다.

현재 조직의 상황을 4가지로 구분한다.

아래의 그림을 보고 내가 맡게 될 조직이 어떤 조직인가를 판단해 보자.

시작 (Start-Up)	대전환 (Turnaround)
재편성 (Realignment)	지속가능한 성공 (Sustaining Success)

출처 Michael Watkins의 The First 90 Days

첫째로 시작(Start Up) 모델은 새로운 사업을 시작하는 조직이다

직원들도 한번 해보자는 에너지로 충만해 있는 조직이다. 신 사업이 성공할지 못할지는 모르지만, 가능성을 믿고, 하면 된다는 의지만큼은 강한 조직이다. 이런 조직을 맡았다면 리더로서 해야 할 일은 조직을 구축하는 것이다. 새로운 전략과 조직, 시스템을 구축해 나가야 한다. 좀 더 상세히 살피면 리더십 스타일, 영업 기술, 가치를 공유할 수 있도록 이끌어 가야 한다. 시작(start-up) 모델을 성공적으로 이끌어 나가면 지속 가능한 성공(Sustaining Success) 단계로 바로 가게 된다. 여기서 실패하면 대전환(Turnaround) 모델로 후퇴한다.

두 번째 모델은 지속가능한 성공(Sustaining Success) 모델이다

현재의 조직이 계속 성공을 유지해 가고 있는 상황이다. 이런 조직을 맡게 되었다면 시작(Startup) 모델처럼 새로운 조직을 구축하거나 대전환(Turnaround) 단계처럼 조직 문화를 완전히 바꾸려고 애쓸 필요는 없다. 이미 성공을 경험한 강한 조직이 갖추어져 있고 수준급의 인적 자원을 가지고 있으므로 이들이 계속 잘 할 수 있도록 독려하는 일에 주력한다.

지속가능한 성공(Sustaining Success) 단계를 유지하기 위해서는 현재의 성공에 만족하지 않아야 한다. 새로운 제품을 계속 개발해야 하고 신규고객과 가망 고객을 끊임없이 찾아야 한다. 원가절감 노력을 게을리 하지 말아야 하고 낭비적인 요소는 제거해 나가야 한다. 시작(Startup)단계와 늘 병행하는 조직이 되어야 지속적인 성공이 가능하다.

세 번째 모델은 재편성(Realignment) 단계이다

재편성(Realignment) 모델과 지속가능한 성공(Sustaining Success) 모델은 언뜻 보면 구별이 되지 않는다.

재편성(Realignment) 모델에서도 사업은 계속 성공적으로 수행되고 있다. 매출 목표도 달성하고 있으며 이익도 나쁜 편은 아니다. 사업의 추세는 조금씩 어려운 상황으로 가고 있다. 마켓의 주변 상황이 점점 불리해지고 있으나 그 동안의 성공에 대한 지나친 자만심으로 인해 고객의 요구에 둔감해지는 일이 생긴다. 마치 하늘에 햇빛은 쨍쨍하지만 저 멀리 서쪽하늘에 조그만 먹구름이 생긴 정도이다. 중요한 것은 이 단계에서 직원들은 전혀 문제의식을 느끼지 못한다. 잘 나가고 있다는 자만심에 빠져있거나 우리가 업계 최고라는 생각에 젖어있어, 문제제기를 하는 리더를 오히려 이상하게 바라볼 것이다. 리더가 해야 할 일은 곧 닥쳐올 위기를 직원들에게 인식시키는 일이다. 직원들이 문제를 문제로 바라보지 않고 일시적인 현상으로 치부하는 한 성공적인 재편성(Realignment)은 불가능해 진다. 이 단계는 매우 민감한 단계이다.

재편성(Realignment) 단계를 성공하면 다시 지속가능한 성공(Sustaining Success) 단계로 진입이 가능해 진다. 실패하면 가장 고통스러운 대전환(Turnaround) 단계로 들어가야 한다. 그렇게 되지 않도록 직원들에게 리더가 보고 있는 미래를 인식시키고 적극적으로 조직의 재구축을 감행하여야 하며 필요하면 감원까지 시행해야 한다. 고통스럽지만 닥쳐올 재난에 비하면 아무것도 아니라는 것을 직원들에게 인식시켜야 한다. 직원들의 반발도 예상하여 신중히 진행하여야 한다. 리더의 역할이 가장 중요한 단계이다.

네 번째 모델은 대전환(Turnaround) 단계이다

더 이상 현재 상태로 진행할 수 없는 단계이다. 그냥 가면 파산하는 단계이다.

만약 당신이 이 단계의 사업을 맡게 된다면 지체 없이 조직의 전면 재구성을 포함하여 가능한 모든 수단을 동원하여야 한다. 조직문화까지도 바꾸어야 한다.

한 가지 다행인 것은 이 단계에서는 모든 직원들도 이대로는 안된다는 위기의식을 공유하고 있는 점이다. 재편성(realignment) 단계와 다른 점이다. 이 대전환 시기에서는 시간이 그리 많지 않다는 점을 명심해야 한다. 인간적인 정에 이끌려 타이밍을 놓치면 결정적으로 회생할 기회를 놓치게 된다. 대전환(Turnaround)을 성공하면 다시 지속가능한 성공(Sustaining success) 단계로 갈수 있다.

새로 맡게 된 조직이 어느 단계에 있는지를 잘 분석하여 적절한 조치를 취하는 것이 리더로서 당신의 능력을 제대로 발휘할 기회가 되는 것이다.

원 포인트 레슨 ▸▸▸ 재편성(Realignment) 단계가 제일 민감하다. 혹시 나의 조직이 재조정이 필요한 단계가 아닌지 리더라면 조심스레 검토해 볼 필요가 있다.

11
맥킨지의 7S 모델

스타즈(STaRS) 모델은 현재 조직의 위치를 4가지로 구분하여 각각 어떤 형태의 리더십을 발휘해야 하는지 알려 준다. 맥킨지의 7S 모델은 조직을 평가하거나 분석할 때 어떤 요소를 검토해야 하는지를 알려 주는 것으로 맥킨지 컨설팅에서 나온 개념이다. 만약 어떤 회사에 대한 진단을 의뢰 받았다면 무엇을 어떻게 진단할 것인지를 알려준다. 내가 새롭게 맡은 조직의 개선이나 변화를 어디서, 어떻게 만들어나가야 하는 지도 보여준다.

맥킨지의 7S 모델(framework)이 처음 언급된 것은 1981년에 발간된 리차드 파스칼(Richard Pascale)과 안쏘니 아토스(Anthony Athos)의 공저 '일본식 경영의 예술(The art of Japanese Management)'에서였다. 이 두 사람은 당시에 일본 경제가 미국 경제를 추월하여 오는데 위기감을 느끼고 일본 기업이 왜 그렇게 강한가를 연구하기 시작했다. 이와 별도로 톰 피터스(Tom Peters)와 로버트 워터만(Robert Waterman)이 비슷한 주제인 기업의 탁월함에 대하여 연구 하고 있었는데 1978년에 이들 네 사람이 같이 모여 7S모델을 창안하였다.

뒷날 톰 피터스(Tom Peters)와 로버트 워터만(Robert Waterman)의 공저 1982년 '탁월함을 찾아서(In search of excellence)'에서도 7S모델을 소개하였고 이들 두 사람이 맥킨지(McKinsey)의 컨설턴트로서 활동하면서 기업을 분석하는 도구로 활용하면서 널리 알려지게 되었다.

조직을 향상시키고 싶은데, 무엇부터 손대야 하는지를 생각하는데 많은 도움을 주는 모델이다.

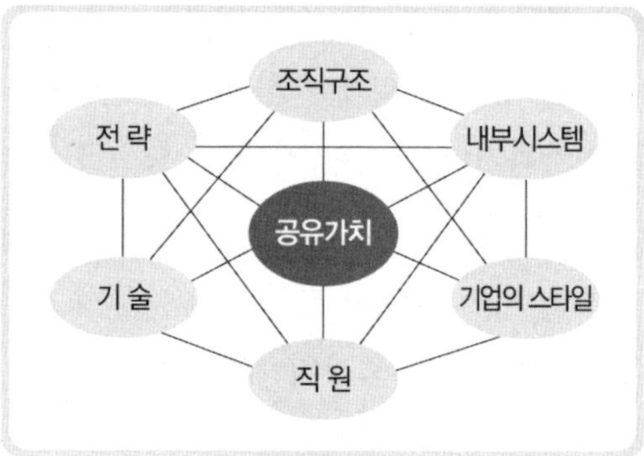

출처 http://trigger.tistory.com/369

먼저 일곱 가지 S로 시작되는 요소는 하드(Hard) S와 소프트(Soft) S로 대분된다.

하드(Hard) S는 경영전략 또는 영업전략(Strategy), 조직구조(Structure), 내부시스템(System)이고,

소프트(Soft) S는 경영자의 스타일(Style), 기술역량(Skill), 직원(Staffs)의 S이고, 그 중심에 공유가치(Shared Value)가 있다.

그림에서 유의해야 할 점은 바로 7요소가 따로 움직이는 것이 아니라 모두 같이 연동하여 움직인다는 것이다. 즉 한 가지 요소에 변화를 주게 되면 그것은 바로 다른 요소에도 영향을 미치게 된다. 많은 리더들이 조직 변화에 실패하는 이유 중의 하나가 한 부분을 변화시키면 다른 부분도 같이 영향을 받는다는 것을 고려하지 않은 채 변화를 주도하기 때문이다. 어느 요소가 더 중요하다고 말하기 힘들지만 조직의 상황에 따라 특히 어느 한 요소가 더 중요해 질 수 있다.

각 요소에 대한 설명은 다음과 같다.

전략(Strategy)이란 조직이 미래의 성장을 위해 선택한, 가야 할 길이다. 경쟁력을 확보하기 위한 거시적인 방안이다. 전략이 있는지 없는지, 있다면 타당한 전략인지 잘못된 전략인지를 검증하여야 한다.

조직구조(Structure)란 사업분야나 사업단위 등 회사의 기본조직으로 구성원들이 활동하는 영역을 제시하는 틀이다. 조직의 구조는 경영학 교과서에 나오는 대로 대체로 4가지로 나눈다. 기능조직(functional form), 라인조직(divisional structure), 매트릭스 조직(matrix structure), 네트워크 조직(network structure)이다. 현재의 조직이 고객과 시장상황에 맞게 최적화 되어 있는 지를 시험해야 한다. 더 중요한 점은 변화에 대응할 수 있는 유연한 조직이어야 한다. 주변 상황은 계속 변화하고 있는데, 고정된 조직으로 계속 대응한다면 성공할 수 없다. 변화하는 조직이어야 하고 조직의 변화를 직원들이 받아들일 수 있는 조직문화를 갖추어야 한다.

아시아의 GE조직과 협력하는 프로젝트가 있어 같이 일할 수 있는 기회가 있었다. 싱가포르에서 대규모 컨퍼런스가 있어서 여러 나라에서 온 GE직원들을 만났다. 명함을 주고받으면서 그들이 일치되게 하는 말들은 이 명함이 내년엔 어떻게 바뀔지 모르겠다는 말을 하였다. 계속 기업의 환경에 적합한 조직이 되기 위해 변화하는 조직만이 살아남는다.

시스템(System)은 내부적인 공식, 비공식적 의사 결정 절차를 뜻한다. 즉 혁신 시스템(innovation system), 보상 시스템(compensation system), 경영정보 시스템(management information system), 목표관리 시스템(management by objective), 재정 출납 시스템, 인사관리 시스템, 채권회수 시스템과 같이 조직원들의 일상적인 행동을 제어하는 시스템을 말한다.

기업의 탁월함은 개인에 의한 기여와 시스템에 의한 기여 두 부문으로 나눌 수 있다. 뛰어난 인재가 시스템을 초월하여 회사의 큰 성공을 이끌어 올 수 있다. 하지만 이러한 위대한 인재를 보유하거나 찾는 것조차 쉽지 않다. 어렵게 확보한 인재가 조직을 떠나버리게 되면 그 조직은 그 순간 와해되는 길로 들어선다. 탁월한 개인의 능력에 의존하기 보다는 성공할 수 있는 시스템을 갖추는 것이 기업의 탁월함을 성취하는데 더욱 더 합리적인 길이 된다. 혁신을 창출해 낼 수 있는 조직, 혁신을 받아들일 수 있는 조직이 되어야 한다. 성과에 대한 보상 시스템은 탁월한 회사가 되기 위해 필수적인 요소이다.

스타일(Style)이란 최고 경영자의 회사전반을 주도하는 리더십 스타일을 말하며 달리 표현하면 조직원들과 경영자가 형성한 무형의 기업문화가 외부의 고객이나 공급업자들에게 나타나는 방식을 말하기도 한다.

경영자의 스타일이 회사의 결과물에 미치는 영향은 아무리 강조하여도 지나치지 않다. 조직의 규모가 작으면 작을수록, 공식적 비공식적 의사결정 절차인 시스템이 제대로 갖춰지지 않은 회사일수록 경영자가 미치는 영향은 거의 절대적이다. 합리적 검증 없이 오직 경영자의 판단에 따라 전략이나 시스템이 180도로 바뀌어 지기도 한다.

최고경영자의 그릇의 크기만큼 회사는 성장한다. 회사가 지난 3년간 성장한 이유도 최고경영자의 능력 때문이고 5년간 매출이 정체되어 있거나 감소하는 것도 최고경영자의 잘못 때문이다.

이처럼 중요한 경영자의 스타일이지만 어느 스타일이 가장 합리적이며 탁월함을 이끌어 낼 수 있는 것인지에 대한 정답은 아쉽지만 알려진 것은 없다. 현재까지의 노력으로는 기업의 환경에 가장 적합하게 적응해 나가는 리더십만이 탁월함을 만들어 낼 수 있다고 본다. 변화를 수용하고 변화를 앞서 나갈 수 있는 경영자만이 기업의 탁월성을 이끌어 나갈 수 있다고 본다.

기술(Skill)이란 조직이 보유하고 있는 탁월한 역량이나 신제품 개발을 포함한 연구개발 능력을 일컫는다. 기업의 핵심기술 수준이 약하여서 시장이 요구하는 신제품이나 신기술을 개발할 능력이 부족하면 결국 시장의 변화에 뒤처지게 되면서 낙오되고 만다. 해당 기업이 보유하고 있는 기술 수준이 시장의 요구 수준과 어느 정도 부합하고 있는지를 검증하여야 한다.

직원(Staff)은 조직의 인적자원을 가리키며 어떻게 직원을 계발하며 훈련시키고 역량을 강화시키는 지를 고려한다. 기업이 가지고 있는 가장 중요한 자원인 제한된 인적자원과 자금을 어떻게 효율적으로 배치하여 최대의 성과를 올릴 수 있는지가 탁월함의 요체이다. 개인의 능력이 불비한 상황에서 최적의 조직 시스템을 갖추고 있다 하더라도 무용지물에 불과할 것이다. 최고의 전투기를 보유하고 있더라도 제대로 조종할 수 있는 조종사가 없다면 전쟁에서 무슨 소용인가. 직원의 직무 수행능력을 꾸준히 교육 훈련시키는 것이 조직의 역량을 강화하는 첩경이 된다. 최고의 인재를 보유하고 있던, 흙 속의 진주를 캐내던 아니면 그저 중간수준의 능력을 보이는 직원이든 이들 모두에게 더 나아지도록, 더 높은 단계로 나아갈 수 있도록 체계적인 교육 훈련 프로그램을 갖추어야 한다.

공유가치(Shared Value)란 원래 눈으로 보이지 않는 조직의 가치와 문화를 가리킨다. 대개 글로 표현되지 않는 것으로 전통적인 회사의 목표를 넘어서는, 모든 조직 구성원들이 일체감을 가지고 함께 일할 수 있도록 견인해 주는 근본적인 생각을 말한다. 이는 CEO

의 창업 철학이 될 수도 있고 명확하게 설정된 기업의 비전과, 목표, 가치가 될 수도 있고, 회사가 어떤 위기상황을 헤쳐오면서 직원들 사이에 은연중에 만들어진 무형의 가치가 될 수도 있다.

공유가치(Shared Value)가 도표에서 제일 중앙에 위치해 있는 것은 각 요소에 미치는 영향이 눈에 보이진 않지만 가장 크기 때문이다.

탁월한 기업을 만들기 위해 조직을 향상시키기 위해서는 위의 일곱 가지 요소를 별도로 분리해서 생각하면 안 된다. 순서에 따라 차례로 접근해서도 안 된다. 7가지 요소를 동시에 생각하고 결국 어떤 하나로 귀결되도록 일직선으로 정렬하는 것이 중요하다.

내가 새롭게 맡은 기업이나 조직이 이미 탁월한 조직이라면 섣불리 조직의 일곱 가지 요소를 손댈 필요는 없을 것이다. 그대로 두면서 잘 한다고 격려만 하면 될 것이다. 위기에 처해 있는 조직을 살려내야 할 중차대한 목적을 가지고 부임하게 되었다면 7S를 하나하나 분석해보고 어떤 변화를 주어야 할지 생각해 보면 된다.

원 포인트 레슨 ▸▸▸ 조직 전체를 점검하고 손봐야 할 때 무엇을 건드려야 하는지를 알려주는 도구이다. 각 요소 별로 점검해 보면 도움이 된다.

12

영업 영역(territory)을 할당하는 가장 효율적인 4가지 방법

한 직원이 진지하게 의논할 것이 있다고 했다.

보통 부하 직원이 이런 이야기를 하면 언제나 마음이 뜨끔하다.

직원 입장에서는 오히려 부서장이나 리더에게 어떤 일을 말하기 위해서는 많은 용기와 준비가 필요하겠지만, 그렇기 때문에 반대로 이러한 면담 요청을 받으면 긴장이 되는 것이다.

직원의 질문은 신규 고객으로부터 연락이 왔는데 누가 이 고객을 맡아야 하는지 교통정리를 해달라는 거다.

영업 직원이 한명인 경우 마켓을 분리할 필요 자체가 없다. 두세 명으로 늘어나면 해당 마켓을 분리해야 한다. 마켓을 나누는 목적은 직원간의 영업 영역의 중복을 없애고 고객을 가장 효율적으로 지원하기 위해서다. 어떻게 분리하는 것이 합리적일까? 네 가지 방법이 있다.

❶ 지역별로 할당하기
❷ 단위 마켓(Mini Market)으로 할당하기
❸ 제품군에 따라 할당하기
❹ 위의 세 가지를 적절히 혼합하여 할당하기

각 방법에는 장단점이 있고 또 많은 경우 위 세 가지 방법을 혼합하여 사용한다.

각각의 장단점은 다음과 같다.

(1) 지역별로 할당하기

지역별로 할당하는 것은 예를 들어 도 단위로 구분하거나, 더 세분하면 우편번호로 지역을 구분하여 할당하는 방법이다. 많은 회사들이 이 방법을 채택하고 있다. 영남 지역 본부라든가, 호남지역 본부 등으로 구분하는 것이다. 구분하기가 가장 명확하여 서로 중복이나 충돌을 일으킬 염려가 비교적 적다.

지역별 할당제의 장점으로는 먼저 지역 구분이 쉽고, 간단하며, 영역 중복을 최소화 할 수 있다. 두 번째로 출장에 따른 시간과 경비를 절감할 수 있다. 특정 지역을 중심으로 영업이 발생하므로 이동거리와 시간을 최소화 할 수 있다. 세 번째 지역적으로 영업 침투 정도를 깊이 있게 하여 대형 고객을 관리하기에 유리하다. 우리나라처럼 지역 정서가 영업에 많은 영향을 미치는 경우 이에 적절히 대응할 수 있는 영업 조직이다.

단점으로는 전문성의 약화를 들 수 있다. 한 지역 내에서 모든 제품을 팔아야 하므로 기술적인 전문성이 떨어지게 된다. 이를 보완하기 위해서는 전국적인 제품매니저(Product Manager) 혹은 마켓 영업 전문가(Market Sales Specialist)를 별도로 두어 지역 담당자들을 지원하도록 해야 한다. 그렇지 않으면 제품의 기술 변화가 빠르고 급격할 경우, 지역 담당 영업 직원들이 최신 기술을 익히는데 시간이 필요하므로 즉각적인 대응이 어렵다.

(2) 단위 마켓(Mini Market)으로 할당하기

단위 마켓(Mini Market)으로 구분하는 것은 해당 산업의 고객이 전문화 특성화되어 있는 경우에 유리한 방법이다. 철강산업, 발전산업, 석유산업, 전자산업, 식품산업, 제약산업 등 여러 산업에 동일한 제품이 사용되더라도 적용되는 용도와 설비가 다르기 때문에 산업별로 영업 담당자를 선정하는 것이다.

단위 마켓 별로 영역을 구분하면 전문성을 살릴 수 있다. 제품 전문가(Product Specialist)보다는 전문성이 떨어지나 지역 관리자(Area Manager)보다는 훨씬 더 전문성을 살릴 수 있다. 하이테크(High Tech)중심의 제품군으로 구성되어 있는 회사에 적합한 영업 조직이다. 고객의 기술적인 욕구를 충분히 충족시킬 수 있다.

단점은 특정한 전략적인 고객을 지속적으로 관리하기가 어렵다는 점이다. 상대적으로 지역적 중요도가 떨어지는 고객에 대한 관심이 줄어들 수 있다. 고객이 지역적으로 넓게 산포되어 있으므로 자주 방문하기 어렵다. 이러한 단점을 보완하기 위해서는 특정 주요 고객만 전문으로 담당하는 직원(Key Account Manager)을 할당하여 보완해 주는 것이 좋다.

(3) 제품군(product line)에 따라 할당하기

제품군에 따라 할당하는 것은 서로 다른 특성을 가진 제품을 취급하는 경우 지역을 무시하고 제품에 따라 전문가를 양성하여 제품 전문가(Product Specialist)가 시장을 담당하는 것이다.

장점은 고객에게 최고의 전문화된 기술적인 서비스를 제공할 수 있다. 제품 개발 및 신제품 출시가 빈번한 경우 즉각적 대응이 가능하다. 고객과 인간적 관계를 맺기는 어렵다. 전국적으로 고객과 대면하여 영업하는 대리점 조직이 잘 짜여 있다면, 제품 단위로 본사 영업 직원을 배치하되 실제 고객과의 대면 영업은 대리점이 하도록 구성하는 것도 매우 효율적이다.

위 세 가지 기준의 장단점을 잘 살핀 후 적절히 결합하여 우리 상황에 가장 알맞은 조직을 만드는 것이 최선이다. 제품과 마켓의 특성에 따라 영업 영역을 명확히 구분하여야 영업직원 사이에 불필요한 영역 다툼이 사라지게 된다.

원 포인트 레슨 ▸▸▸ 마켓의 구분을 적절히 하지 않으면 고객에게도 불편을 끼치지만 내부적으로도 인센티브 산정에 영향을 미치므로 직원들의 불만을 야기할 수 있다. 각각의 방법에 따른 철학을 잘 이해시켜 고객의 요구사항과 우리 회사가 가지고 있는 마케팅 위치를 함께 감안하여 조직 설계를 하는 것이 최선이다.

13

회사는 감옥이 아니다

탁월한 영업 감각을 가진 중국의 사업부를 책임진 리더가 있었다. 중국 사람이다.

아마 이 친구가 그 분야에서는 세계에서 제일 영업을 잘한다고 할 수 있었을 것이다. 영업을 잘하는 매니저를 누가 싫어하겠는가? 나도 이 친구를 많이 아꼈고 이 친구도 나에게 꽤 잘해 주었다. 개인적으로도 꽤 친해졌다.

이렇게 잘 나가던 관계가 점차 삐걱거리기 시작했다.

언젠가부터 날 피하는 거였다. 거의 매일 같이 국제전화로 업무보고를 하던 횟수도 뜸해지기 시작했다.

몇 가지 문제가 있었다.

먼저 급여 조정을 위한 직원 평가 방침에서 오해와 충돌이 있었다.

이 친구는 능력과 성과에 관계없이 현재 급여가 저평가된 직원부터 먼저, 또 많이 급여를 조정해야 한다고 했다. 그렇지 않으면 급여가 낮은 직원이 회사를 떠날 거라 했다. 일견 타당하기도 하다. 내 의견은 달랐다. 현재 급여가 많고 적음을 보고 가능한 평균적으로 맞추려는 방식으로 직원을 평가하고 급여를 조정한다면 결국 최고의 영업 직원이 C급 직원보다 먼저 회사를 떠나게 될 것이다. 능력과 성과를 보이는 직원이라면 더 많은 급여를 우선적으로 받아야 하는 것이 당연하다고 본다.

하루는 베이징에 출장을 가서 아침에 사무실에서 만나기로 했는데 나타나지 않았다. 전화 연락도 되질 않았다. 오후에 나타나선 대뜸 고객을 만나고 오는 길이라고 했다. 웬 엉뚱한 변명, 설령 고객을 만나러 갔다 하더라도 나에게 연락은 해주어야 하는 것이 기본인데 아무런 연락도 없이 나타나지 않았다는 것은 심각한 신뢰의 문제다. 차라리 전날 고객과 접대하고 늦잠 자느라 아침에 늦었다고 하면 이해라도 할 텐데 고객을 만나러 갔었다고 하는 말을 믿으라고? 미심쩍은 표정을 지으니 직접 고객과 통화를 해야 믿겠느냐며 휴대폰을 들이밀었다. 이러니 더욱더 믿기 힘들었다.

점점 신뢰가 상실되어갈 즈음에 갑자기 이 친구가 사직서를 냈다. 사직서를 이메일로 받은 후 예상은 했지만 놀라서 전화를 걸었더니 받질 않았다. 몇 번을 해도 연락이 되질 않았다. 그러다가 문자가 하나 왔다. 그동안 많이 배웠다고, 고마웠다고.

회사는 감옥이 아니다.

직원들에게 흔히 하는 말이기도 하다. 나가고 싶으면 언제든지

나가도 된다. 맘에 안 들면 쿨하게 그만 두면 된다. 회사 업무하면서 불평하는 직원을 잘 이해하지 못한다. 회사가 감옥이 아닌 이상 맘에 안 들면 나가면 되는 것이다. 행여나 나가면서 악감정 품지 않도록 두세 번 만류해 보지만 원칙적으로 그만두겠다고 결정한 사람을 붙잡지는 않는다. 이미 결정 다 해놓고 사직서를 썼는데 뒤늦게 잡아봐야 소용이 없기 때문이다.

헤어질 때 좋은 이미지를 남겨주면 그건 덤이다. 그 친구가 그래도 최고였다는 평가, 그만두게 되어 진심으로 아쉽다는 생각 정도만 남겨주고 떠나면 된다.

원 포인트 레슨 ▸▸▸ 회사는 감옥이 아니다. 언제든지 그만두고 싶으면 그만두면 된다. 그러나 언제 또 다시 어떻게 만날지 아무도 모른다. 다시 만날 수도 있다는 전제를 하고 헤어져야 한다.

14

유능한 직원이 갑자기 사직했을 때 조직의 동요를 막을 수 있는 3가지 전략

열심히 성공적으로 업무를 수행하던 직원이나 팀장이 갑자기 사직을 하겠다고 하면 매우 당황스러울 것이다. 그것도 매우 신뢰해 왔거나 혹은 최고의 성과를 보이던 직원이 갑자기 그만두면 얼마나 황당하겠는가? 사직하는 직원이 팀장이나 과장 등 관리자 급이라면 조직 전체가 곤란에 빠질 수도 있다.

첫째로 중요한 것은 기존의 직원이 동요하지 않도록 소통 채널을 극대화 시킨다

해당 조직에 속한 조직원들과 개인적인 면담을 통해 그들에게 사실을 설명하고 이해를 구한다. 갑자기 직원이 사직하게 되면 왜 사직하는지에 대한 루머가 사내에 떠돌게 된다. 추측성 루머가 대부분이다. 회사의 부당한 대우나, 상사의 잘못된 리더십에 의한 피해자라는 점이 부각된다. 만약 이러한 루머가 악성이라면 남아 있는 직원들과 먼저 개별 면담을 통해 진실을 바로 알려 주어야 한다. 특히 회사에 악감을 품고 그만두는 경우나 경쟁업체로 옮기는 경우는 일부러 부분적인 사실을 과장하여 사내의 분위기를 동요시키는 경우가 있다.

각 개인별로 면담이 끝나면 면담 결과를 종합한 후 해당 조직원 모두를 모이게 해서 조직에 동요가 없도록 사실을 이야기 해주고 격려해 주는 것이 필요하다. 구체적으로는 회식을 자주 할 필요가 있다. 회식을 통해 사기가 떨어지지 않도록 격려해줘도 좋을 것이다.

두 번째로 현재 진행 중인 프로젝트와 기존 고객을 어떻게 지켜나갈 것인가에 대한 방책을 생각해야 한다

인원 변동이 있다고 해서 매출 목표를 달성 못하면 곤란하다.

업무 분담을 다시 하고, 필요하다면 조직 설계를 처음부터 다시 하는 것도 좋다. 해당 조직의 2인자를 1인자로 혹은 3인자를 2인자로 승진시켜줄 수 있다면 최선의 방책이다. 새로 인원 충원 계획을 세우거나, 새로 충원하지 않더라도 조직을 꾸려 나갈 수 있으면 기존 직원들의 급여를 특별 인상해 주면서 매출이 떨어져서는 안 된다는 점을 강조하면 좋다. 그러면 직원들은 행복해 질 것이다. 새로운 리더가 임명되면 전임자의 매출목표와 동일한 수준의 목표를 제시하고 주요고객(Key Account) 관리에 대한 중요성 및 진행되는 프로젝트를 상세히 설명해 주어야 업무공백을 없앨 수 있다.

세 번째 어떻게 전화위복의 계기로 삼을 것인가를 생각해야 한다.

비즈니스를 더욱 더 지속적으로 발전시켜 나갈 수 있는가를 연구해야 한다. 직원들에게 방심할 기회를 주어서는 안 되며 위기를 기회로 전환시킬 수 있는 발상의 전환이 필요하다.

신규 프로젝트는 계속 확대시켜 나가야 한다. 마켓 셰어 확대 전략을 계속 추구해왔다면 그 방침을 계속 지켜나가는 것이 옳다.

기존 직원이 갑자기 이탈하게 되면 그 해당 부서 직원 모두가 직간접적으로 악영향을 받게 되는 것은 어쩔 수 없는 일이다. 부서의 리더로서 취해야 할 행동은 스스로 동요하는 빛을 보이면 안 된다는 것이다. "나의 죽음을 적에게 알리지 마라"고 이순신 장군이 마지막 죽음의 순간에 남겨 주셨다. 조직의 장이 흔들리는 모습을 보이면 직원에게는 증폭해서 그 위기감이 전달이 된다. 불필요한 불안감만 확산된다. 언제나 자신 있게, 태연하게, 담담하게 위에 제시한 3가지를 염두에 두고 포석을 두길 바란다.

원 포인트 레슨 ▸▸▸ 조직이 작을수록 직원 이동에 대한 영향은 커진다. 세밀하게 조직 안에서 어떤 역학관계가 작용하는지, 근거 없는 루머는 무엇인지를 잘 살펴서 조직이 흔들리지 않게 하는 것이 리더의 책임이다.

15

출구 면접(Exit Interview)시 활용할 수 있는 3가지 팁

직원을 해고하는 것은 고통스러운 일이다.

2009년에 개봉된 '인디에어(In the Air)'라는 영화가 있다. 직원해고 작업을 전문으로 대행해 주는 회사 이야기를 소재로 한 영화이다. 내가 좋아하는 조지 클루니가 주연을 한 영화인데, 이 영화를 보면 직원을 해고하는 것이 얼마나 힘들고 어려운지를 알 수 있다. 해고라는 것은 영화 속의 이야기만이 아니다, 현실적인 이야기이다.

지금까지 회사라는 조직에 몸담으면서 딱 한 사람을 직접 해고한 적이 있다. 한번 밖에 없어서 감사한 일이다. 그 직원은 우리 회사가 M&A를 하여 어떤 다른 회사를 인수하는 과정에서 피치 못하게 해고할 수밖에 없는 피 인수회사의 직원이었다. 피인수 회사의 직원은 단 두 사람이었는데, 어차피 사장님은 업무 인수인계를 하고 난 후에는 스스로 사직하는 것으로 이해하고 있었기 때문에 문제가 없었는데 나머지 한 명의 직원에 대해서는 본사로부터 해고하라는 지시가 하달되었다.

해고를 해보기는 처음이었으므로 인사담당 부서장과 먼저 협의를 하였다. 어차피 그만 두어야 할 사람인데 해고에 대하여 이런 저런 사유를 이야기하여 납득시키기 보다는 최대한 간단히 해고를 통보하는 것이 서로에게 가장 좋은 방식이라고 조언해 주었다. 결과적으로 깔끔한 결과를 낳진 않았는데 어차피 달리 설명할 이야기꺼리도 없었으므로 그대로 하기로 했다.

세 사람이 만났다. 간단히 인사말을 마친 후에 바로 인사담당 부서장이 본사의 지시로 인하여 어쩔 수 없이 해고를 할 수 밖에 없다는 통보를 했다.

해고 통보를 받은 그 직원의 참담하고 놀라는 표정을 잊을 수 없다.

간단히 통고를 한 후 바로 회의실을 나왔다. 다음날 아침에 이 친구가 늦게 출근을 했다. 전날 밤새도록 술을 마셨는지 온 몸에 술냄새가 풍겼다. 나를 대하는 태도는 지극히 적대적이었다. 이런 일을 겪으면서 정말 직원을 해고시키는 것은 사람이 할 짓이 아니라는 생각이 들었다.

십여 년 이상 같이 일했던 싱가포르 보스는 늘 직원을 채용하는데 인색하였다. 세일즈가 증가되어 업무가 가중됨에도 불구하고 새로 직원을 뽑자고 하면 반대하였다. 그가 내거는 이유는 단 한 가지, 매출이 증가한다고 해서 무분별하게 직원을 채용하게 되면, 매출이 감소하여 직원을 해고해야 하는 상황이 오게 마련이고, 본인은 직원 해고하는 것을 진심으로 하고 싶지 않다고 하였다.

직원들이 이런 저런 이유로 회사를 사직하는 경우들은 왕왕 있다. 더 좋은 회사를 가게 되어 그만 두는 사람이야 그렇다손 치더라도, 무능하거나 사고를 치거나 해서 좀 좋지 않은 이유로 자의반 타의 반으로 그만두게 되는 경우도 있다. 하여간에 회사를 그만 두겠다고 하는 직원이 사직서를 제출하면 별도의 시간을 할애하여 인터뷰를 하는 것이 필요하다. 출구 면접(exit interview)에서 몇 가지 중요하게 고려해야 할 점이 있다.

먼저, 왜 그만두느냐는 질문은 출구면접(exit interview)에서 형식적으로 해보는 질문이지 그 답변에 신빙성을 둘 필요는 없는 것 같다

설명하는 명분이나 이유는 진실일수도 있고 거짓일 수도 있다. 결과적으로 보면 대부분 진실을 이야기 하지 않았다. 왜 그만두느냐는 질문의 답에 비중을 둘 필요는 없다.

두 번째로 아무리 보내기 싫은 아까운 직원이라 하더라도 출구면접(exit interview) 시점에서 그를 설득하여 다시 계속 일하게 만드는 것은 쉽지 않다

바람직하지도 않다. 직원들이 그만두겠다는 의사를 표명할 때는 이미 그는 여러 가지 모든 경우의 수를 다 검토한 다음에 사직서를 제출하는 것이다. 흔히 사직서를 받더라도 미적미적 대면서 사표수리를 하지 않고 계속 설득을 시도할 수도 있지만 이미 마음이 떠난 직원을 붙잡으려는 시도는 별로 추천하지 않는다. 한번 마음이 떠난 직원이 어쩔 수 없이 다시 일을 한다고 해서 그 일을 열정적으로 해낼 것으로 기대하긴 어렵다.

세 번째로 퇴로를 보장해 준다

그렇다고 사직서를 가지고 온 직원에게 "그래 잘했다, 진작 그만두지 왜 이제야 그만 두냐"고 할 수도 없는 노릇이다. 개인 사업을 하기 위해서나, 다른 회사로 옮기거나, 가정 사정으로 시골로 내려가야 하거나 어느 이유든 간에 사직서를 제출하는 직원들에게 마지막으로 이런 말로 당부했었다.

"지금까지 사정을 들어보니 내가 말린다고 들을 것 같진 않고 자네 계획대로 잘 되길 바라네. 혹시 자네가 계획한대로 잘되질 않아서, 예를 들어 창업을 했는데 실패하거나, 다른 회사로 옮겼는데 오히려 조건이 더 나빠지거나 해서 어려움을 겪게 되면 나에게 꼭 연락하게, 자네 같은 인재는 우리 회사에 언제든지 필요하니까 다시 돌아오겠다고 하면 언제든지 받아줄 수 있도록 최대한 노력하겠네."

사실 잘 다니고 있는 회사를 그만두고 다른 회사나 새로운 환경에서 일을 시작하려면 여간 힘들지 않을 것이다. 마음의 각오를 단단히 하고 긴장된 가운데 새로운 환경으로 뛰어 들려는 시점에 직장의 상사가 이렇게 격려해 주면서, 혹시 실패하더라도 다시 돌아온다면 받아 주겠다는 말보다 더 마음 든든하게 해주는 것은 없을 것이다. 실제로 다시 돌아오겠다고 찾아온 직원은 없었다.

나 또한 이들 인재가 아깝기도 하지만, 이들이 조직을 떠난 후에도 변치 않고 회사와 좋은 감정과 관계를 유지할 수 있다면 이보다 더 좋은 것은 없다고 생각한다.

실제로 고객사로 전직한 직원도 있었다. 프로젝트를 추진하면서 직접 담당자는 아니었지만 사이드에서 그로부터 많은 도움을 받기도 했다. 한번 맺은 인연을 소중히 간직하자.

원 포인트 레슨 ▸▸▸ 해외로 이민 가는 사람을 대한민국의 적으로 생각할 필요가 없다. 그들도 언젠가는 조국의 발전을 위해 일할 수 있는 인재들이다. 사직하려는 직원도 우리 회사의 자산이다. 이들을 위해 늘 문을 열어두고 우리 편으로 삼는 것이 더 유리하다.

16
가장 긴 하루

아시아 본사가 있는 싱가포르에 자주 출장을 가게 된다.

과거에 비해 싱가포르 본사에서 가장 크게 변한 모습이 있다. 모든 리더들의 방이 너무나 깨끗하다는 점이다. 외국인 회사에서 흔히 볼 수 있는 책상위에 가족의 사진이 놓여 있다거나, 벽에 자신이 좋아하는 그림이 붙어 있는 방도 없다. 심지어 책상위에는 서류도 없다. 책꽂이에도 아무 것도 없다. 그냥 텅 비어있는 방이다. 솔직히 신기하다. 어떻게 사무실에 관련 자료 하나 없이 업무를 할 수 있는지.

이런 모습이 나타난 것은 회사가 구조조정의 칼바람을 맞고 난 다음이었다.

갑자기 해고 통지를 받은 관리자들이 자신의 사물도 제대로 챙기지 못하고 회사를 쫓겨나는 모습을 본 관리자들에게 학습효과가 생겨 자신의 방에 전혀 개인 물건을 두지 않는 것이다. 언제든지 해고통보를 받으면 쿨하게 떠날 수 있도록 만반의 준비를 해 두는 것이다.

수십 년간 회사 생활을 하면서 가장 긴 하루로 기록될 만한 날이 있었다.

회사가 구조조정의 바람에 심하게 요동치던 시기였다. 조직 합리화(restructuring)라는 명분으로 직원들을 해고하는 열풍이 아시아 각 지사에 불어 닥치기 시작했다. 여기저기에서 이와 관련된 소문이 들려왔고 어느 나라에서는 몇 십 명이 잘렸느니 앞으로도 이게 끝이 아니라는 말까지 무섭게 소문이 퍼지고 있었다.

아시아 사장님과 비즈니스 리더가 한국에 들어왔다.

직원들과 오전에 전체 미팅을 간단히 했다. 잘하자는 이야기였다. 그게 끝이 아니었다. 실적이 부진한 부서장이나 영업팀장이 개별적으로 불려가서 면담을 하였고, 면담을 마치고 나온 이들은 각자 자기 책상에 돌아가 간단히 짐을 쌌다. 여러 명이 한꺼번에 그것도 당일에 해고된 것은 회사 역사상 처음 있는 일이었다. 나와 함께 일하는 임원도 두 명이나 짐을 쌌다.

저녁에 아시아 사장님과 아시아 비즈니스 리더들과 식사를 함께 하였다. 식사 중간에 사장님이 신상발언을 했다. 회사를 떠나기로 했노라고, 우리 사장님까지 해고를 당한 것이다. 후에 들어보니, 불행 중 다행으로 해고통보를 받고 나가는 사람들에게는 일정한 위로금이 주어졌다고 했다.

정말 긴 하루였다. 즉각적으로 해고 통보를 하고 그 자리에서 짐을 싸가지고 나가는 것은 처음 경험하였다. 하루 종일 회사 안의 공기가 얼마나 무거운지 숨이 막힐 지경이었다.

후에 나와 함께 일하다가 해고된 두 임원들을 각기 만났다.

식사를 같이하며 위로의 말을 전하면서, 앞으로 어떤 계획이 있는지 물었다. 갑자기 당한 상황이라 계획이 있을 리 없었다. 계속 나와 함께 일을 하자고 권유하였다. 지금은 해고를 당한 처지여서 공식적으로 대리점으로 계약할 수는 없지만 일단 함께 일을 시작하고, 원한다면 앞으로 특정지역에 대리점 권을 줄 것이니 계속 우리 회사 제품을 영업하자고 제안하였다. 그렇게 하기로 하였다.

원 포인트 레슨 ▸▸▸ LG전자에서는 회장의 방침에 따라 사업이 나빠지면 해고하기 보다는 다른 부서나 계열사로 전출을 시킨다고 한다. 불가피하게 해고를 해야 한다면, 정말 불가피할 때만 해야 한다.

17
역풍

어떤 일을 결정하고 시행할 때는 그 일의 효과에 대해 생각만 하고 역풍에 대해서는 고려하지 않는 경우가 많다.

일본 소설 대망을 보면 도요토미 히데요시와 도쿠가와 이에야스는 끝까지 서로의 힘을 겨루며 경쟁했던 관계로 그려져 있다. 객관적인 전력이나 직위를 놓고 보면 도요토미 히데요시 편이 모두 뛰어날 뿐더러 군사력도 더 우월하기 때문에 이길 수밖에 없다. 그럼에도 도요토미 히데요시는 도쿠가와를 공격하지 않는다. 공격하기는커녕, 유부녀인 나이 많은 여동생을 강제로 이혼시킨 다음 도쿠가와 이에야스와 결혼을 시켜서 사돈관계를 만들기도 했다.

도요토미 히데요시는 왜 그랬을까?

히데요시의 군사 전력이 도쿠가와 이에야스보다 월등히 우월했다면 바로 할복하라는 교지를 내렸을 것이다. 할복하지 않으면 바로 공격해서 굴복시켰을 것이다. 그런데 둘 사이의 전력이 차이가 나긴 하지만 엄청난 격차가 있는 것이 아니었다. 둘이 전력을 다해 싸우면 히데요시편이 승리한다. 하지만 이때의 승리는 상처뿐인 승리이다. 히데요시가 기력이 다 빠져서 녹초가 되어 있을 때를 틈타서 북쪽 센다이에 있는 다떼 마사무네나 다른 영주들이 동맹하여 자신을 칠 것을 우려했기 때문이었다. 지모가 뛰어난 히데요시가 늘 맘에 걸리는 도쿠가와를 해치워버리고 유아독존하고 싶은 마음이야 굴뚝같았지만 그 이후 역풍을 감당할 수 있을 정도가 아니었기 때문에 꾹 참고 도쿠가와를 대우해 주었던 것이다. 도쿠가와 편에서도 이를 잘 알고 있었으므로 먼저 히데요시를 격발시키는 행동을 하거나 실수를 해서 명분을 주는 행위를 하지 않았다. 반면, 도요토미에게 만만하게도 보이지 않도록 계속 자신들의 전력을 키워 나갔던 것이다. 굽실거리지도 않으면서 거만하지도 않는 정책을 유지해 나갔던 것이다.

이런 정도의 일들이 다 정치9단들이 하는 수준이다.

패를 놓지 않고도 다음 패, 또 그 다음 패를 서로 마음속으로 두고 있었던 것이다. 그 결과로 일본 전국은 더 이상의 전쟁 없이 도요토미의 권력 하에 평화를 유지할 수 있었다.

도요토미가 늙어 가면서 조선과 명의 정벌이라는 패착을 두자, 신중하지만 사려 깊은 도쿠가와는 이를 기화로 정권을 획득하게 된 것이 당시의 역사이다.

원 포인트 레슨 ▸▸▸ 맘에 안 든다고 섣불리 칼을 빼서는 안된다. 지렁이도 밟으면 꿈틀거린다. 그 다음 수를 생각하고 신중하게 행동하는 것이 전쟁터에서 살아남는 방법이다.

고객과의 관계도 마찬가지이다

V

조직의 소통

1
천지인 소통법

천지인(天地人)으로 소통하는 것을 천지인 소통법이라고 한다. 내가 만든 용어이다.

소통이란 말은 의견이나 의사 따위가 다른 사람과 잘 통한다는 것인데 반대로 소통이 안되면 불통이 된다. 만사형통이란 모든 일이 제대로 술술 풀린다는 것이므로 소통이 만사형통의 지름길이다. 조직 안에서도 부서간의 이해관계나 개인의 이해관계가 얽혀서 소통이 안 되는 경우들이 많아 조직 내 갈등의 씨앗이 되고 더 나아가 불신이 생기고, 조직 간에 벽이 생겨 업무가 제대로 진행되지 않는 경우가 많다.

소통이냐 불통이냐, 만사형통으로 갈 수 있는 해결책은 천지인 소통법이다.

여기서 천(天)은 하늘, 즉 나의 보스를 말한다.

지(地)는 땅, 즉 나와 함께 일하는 부하직원을 말한다.

인(人)은 사람, 즉 나와 같은 동급의 직원을 말하는데, 지원 부서에서 일하고 있는 사람들을 말한다.

천지인(天地人) 소통법이란 어떤 일을 결정 내리기 전에 이처럼 주위의 천지인(天地人) 모두 소통을 해야 한다는 것을 말한다. 하나라도 빠지면 안 된다.

많은 경우에 자신의 상사와 소통하는 것을 두려워하거나, 무시하는 경향이 있다. 부하직원들과 소통하는 것은 아예 생각조차 하지 않는 리더들이 많다. 지원부서의 직원들과 소통도 무관심하다. 이들은 대체로 자신과 직접 관계된 사람들과만 소통을 하게 되는데, 이게 불통의 원인이 된다. 직접 관계된 사람 외에도 간접적으로 관계된 사람들에게도 소통하는 것을 주저하지 말아야 한다.

어떤 사람들은 자신의 상사에게만 소통에 매진하기도 한다. 주위의 누구든 아랑곳 않고 상사에게만 잘 보이려고 하는 것이다, 그런 사람이 성공하는 경우도 많이 있기 때문에 그렇게 하지 말라고 하지는 않는다. 그래도 천(天)만 생각하지 말고 지(地)와 인(人)도 같이 배려 해주면 더욱 더 훌륭한 리더가 될 수 있을 것이다,

소통의 대표적인 도구인 이메일을 사용할 때도 천지인 소통을 고려하여야 한다. 부하직원이 직접 담당하는 업무와 관련하여 해결하기 어려운 민감한 어떤 일을 요청하는 메일을 내가 직접 보낼 때는, 메일을 작성한 후, 관련 직원을 불러 내가 작성한 메일을 검토해 보도록 한다. 이렇게 보내도 되는지 혹시 의미상 잘못된 것은 없는지

확인한다. 이렇게 부하직원으로부터 확인을 받은 후에도 바로 메일을 송부하지 않는다. 이 메일을 누가 봐야 하는지 직접적인 관련자와 간접적인 관련자를 떠올리며 참조(cc) 리스트에 보낼 명단을 정리한다. 그리고도 빠진 사람이 있나 없나를 한 번 더 생각하고 최종적으로 메일을 발송한다.

리더가 천지인(天地人) 소통을 하려면 똑같은 말을 계속 반복하는 것을 마다하지 않아야 한다. 똑같은 말을 똑같은 사람에게도 반복하여 말해야 하고, 똑같은 말을 다른 사람들에게도 여러 번 말하는 것을 싫증내지 말아야 한다.

똑같은 말을 똑같은 사람에게도 반복하여 말해야 하는 이유는 내가 말했다고 상대방이 들은 것은 아니며, 상대방이 들었다고 내 말을 이해한 것은 아니기 때문이다. 상대방이 이해했다고 해서 기억하고 있는 것은 아니며, 기억하고 있다고 해서 바로 행동으로 옮기는 것도 아니기 때문이다. 반복해서 메시지를 전해야 한다. 그래야 소통이 된다.

천지인으로 소통해야 하므로, 같은 말을 다른 사람들에게도 천지인 원칙에 따라 전달해야 한다.

원 포인트 레슨 ▸▸▸ 나를 중심으로 천(天)이 누구인지, 지(地)가 누구인지, 인(人)이 누구인지 잘 살펴 소통이 잘 되도록 하라. 소통의 핵심은 반복이다.

2
지나치게 소통해야 한다

과유불급이라는 고사성어가 있다.(過 : 지날 과, 猶 : 오히려 유, 不 : 아닐 불, 及 : 미칠 급)

'과유불급'이란 고사성어는 공자님의 말씀 〈논어〉의 '선진' 편에 나오는 말로, 자공이 공자에게 "자장(子張)과 자하(子夏) 중에 어느 쪽이 어집니까(仁)?" 하고 묻자, 공자는 "자장은 지나치고 자하는 미치지 못한다"고 했다. "그럼 자장이 (넘치니까) 더 낫단 말씀입니까?" 하고 반문하자, 공자는 "지나친 것은 미치지 못한 것과 같다(過猶不及)"고 했다.

지나침은 모자람과 같다고 굳게 믿는 나로서는 보스로부터 지나치게 소통해야 한다는 말을 들을 때마다 거슬렸다. 오버 커뮤니케이션(over communication)은 보스가 아주 좋아하는 말이다. 적어도 소통에 있어서는 모자란 것 보다는 지나친 것이 낫다고 굳게 믿는 보스이다. 내가 보기에는 이만하면 되었다고 판단되어도 계속 보고에 보고를 요구한다.

사우디 아라비아의 중요한 프로젝트를 진행할 때였다. 대형 프로젝트여서 한시도 마음 놓을 상황이 아니었다. 상황이 진척될 때 마다 싱가포르 보스에게 보고를 했다. 나는 토종 잉글리시이므로 주로 이메일로 보고하는 것이 편하다. 낑낑 대고 작성한 장문의 보고서를 이메일로 보내면 득달같이 전화가 온다. 다시 또 프로젝트 상황을 확인하는 것이다. 이메일로 보고한 내용을 다시 반복하여 설명을 하면서 이미 다 보고한 사실인데 다시 전화할 필요가 있느냐고 하면 여지없이 날라오는 한마디 '오버 커뮤니케이션'이다.

이메일로 보고하는 것은 일방통행식 의사소통이지만 전화는 쌍방소통이다. 상세한 자료나 숫자를 보고할 때는 이메일이 더 효과적이지만, 어떤 전략을 협의할 때는 전화가 더욱 더 효과적이다. 쌍방 의사소통이 가능하기 때문이다. 잘 진행되던 프로젝트에 급브레이크가 걸렸다. 최종가격을 협의하면서 고객과의 소통에 문제가 있었고 발주가 될 듯 될 듯 하면서 최종가격을 쌍방이 동의하지 못하는 피 말리는 상황이 전개되었다. 싱가포르에 있는 보스와 한 시간씩 두 시간씩 핸드폰이 정말 열이 나서 뜨거워 귀를 대지 못할 정도로 많은 통화를 하면서 어떻게 해야 하는지를 협의하였다.

싱가포르 보스가 말이 많은 편이다. 나는 말이 적은 편이다. 훌륭한 비즈니스 리더가 되려면 말이 좀 많은 것이 말이 없는 것 보다는 나은 것 같다. 끊임없이 보스와 소통하고 부하 직원들과도 소통하라. 조용한 것 보다는 좀 시끄러운 것이 낫다. 그것이 소통분야라면 말이다.

원 포인트 레슨 ▸▸▸ 공자님께는 죄송하지만 비즈니스에서 소통은 모자란 것 보다는 지나친 것이 낫다.

3
질문 던지기
Asking Skill

타이완의 영업 업무를 파악하면서 실적이 과거에 비해 극히 저조하다는 것을 발견하였다.

초창기에는 꽤 영업 실적이 괜찮은 편이었으나 몇 년 전부터 영업 실적이 내리막길을 걷기 시작하여 이제는 매출 자체가 극히 저조한 상태로 유지되고 있었다. 시장 상황이 특별히 타이완만 나쁜 것은 아니었으므로 그 이유를 분석하고 대책을 수립하기 위해 과거에 해당 마켓을 담당하였던 직원에게 현재의 마켓 상황을 물어 보기 위하여 전화를 했다.

이미 서로 알고 있는 직원이었으므로 간단히 인사를 나누자마자 그가 먼저, 전화한 이유를 짐작하고 있었다는 듯 영업실적 때문에 전화를 한 것이냐고 물었다. 잘 되었다 싶어 바로 "영업 실적이 왜 이렇게 저조합니까?" 라고 물었다, 이 말을 내뱉는 순간 마음속에 아차 하는 생각이 들었다. 잘못된 질문을 한 것이다. 예상대로 그는 자신을 방어하기 위해 왜 그 동안 매출이 저조할 수밖에 없는지에 대한 변명을 늘어놓았다. 사실 그와 협의해야 할 것은 그 이유를 파악하는 것도 중요하지만 더 중요한 것은 어떻게(How) 하면 잃어버린 마켓을 되찾아 올 수 있는지에 대한 전략을 강구하는 것이었음에도 불구하고 왜(Why)로 시작되는 잘못된 질문 때문에 그를 지극히 수동적이고 방어적인 자세로 만들어 버린 것이었다. 그러다 보니 어떻게 하면 다시 매출을 회복할 수 있을지에 대한 그의 대답은, 나 아니라 누가 해도 더 이상 회복 가능성이 없다는 것으로 결론을 내려버렸다.

질문 기술은 중요하면서도 어렵다.

질문이 많아도 좋지 않다. 직원들이 피곤하다.

질문을 하지 않는 것도 문제다. 돌아가는 상황을 파악하기 어렵고 적절한 코칭을 해줄 수 없기 때문이다.

왜(Why)라고 시작되는 말로 부하 직원들에게 질문하면 안 된다.

'왜' 라고 질문하면 마치 책임을 추궁하는 것 같은 느낌을 준다. 잘못한 것을 찾아 벌하겠다는 의미가 강하다. 질문을 받은 사람은 본능적으로 자신을 보호하려는 방어 자세를 취하게 된다. 건설적인 토의가 아닌 불필요한 변명으로 일관하게 되는 것이다.

왜(Why) 대신에 무엇(What)이나 어떻게(How)로 시작되는 말로 질문하라.

'무엇' 혹은 '어떻게' 라는 말로 질문을 시작하면 개방적인 질문이 되면서 잘못을 지적하거나 추궁하려는 의도가 아니라 문제의 해결 방법을 같이 찾아 나가자는 뜻으로 바뀌게 된다. 질문을 받은 직원은 편안한 마음으로 답할 수 있으며 협조적 태도로 임하게 된다.

이렇게 질문하라.

- 이번 오더를 놓친 건에서 우리가 배울 점은 무엇인가?
- 어떻게 하면 다음 오더는 경쟁업체에게 뺏기지 않고 우리가 수주할 수 있겠는가?

질문이 긍정적이면 대답도 긍정적이다.
질문이 적극적이면 대답도 적극적이다.
누가 누구를 비난해서 해결될 문제가 아니다.

당장 내일의 영업회의에서 직원들에게 왜(why) 대신 무엇(What)이나 어떻게(How)를 사용해 질문해 보라. 영업회의가 매우 활기차게 변화될 것이다.

원 포인트 레슨 ▸▸▸ '왜 그랬어!' 라고 무심코 던진 한마디는 상호 건설적 대화에서 변명으로 가득한 부정적 대화로 이끄는 촉진제가 된다. 뛰어난 리더는 '왜' 보다는 '무엇' 혹은 '어떻게'를 많이 사용하여 질문한다.

4
핵심파악은 왜 분석법으로
Why Analysis

어떤 현상에 대한 핵심을 제대로 파악하기 위해서는 특별한 기술이 필요하다.

세일즈 엔지니어들은 핵심은 잘 파악하고 있어도 그것을 논리적으로 표현하는데 익숙하지 못하다. 만약 영업 담당자가 핵심을 잘 파악하고 있지 못하면 리더 입장에서 숨겨져 있는 요점을 파악해내기는 더욱 어려워진다.

핵심을 파악하기 위한 가장 직접적인 길은 세 번의 왜(Why)로 시작되는 질문이다.

단숨에 답을 찾아가야 하는 경우라면 왜(Why)로 시작되는 질문을 해야 한다.

세 번의 반복되는 왜(Why)는 현상의 핵심에 이르도록 한다. 나는 이를 "왜 분석"(Why Analysis)라고 부른다. "왜 분석"(Why analysis)을 통해 그 사람이 무엇을 생각하고 있는지를 명확히 알아낼 수 있다. 세 번만 왜 그런지를 물어보면 답이 나온다. 왜 그랬지? 그래서 왜 그랬지? 그래서 왜 그랬지? 이렇게 질문하면 된다.

서로 다른 입장에서 답을 찾아가야 하는 경우라면 왜(why)로 시작되는 질문을 해서는 안 된다. 즉 부하 직원과 리더와의 관계에서 부하 직원에게 충고를 하는 경우라면 왜(why)라는 말을 사용해서 질문을 던져서는 안 된다. 이렇게 부하 직원에게 물어 봐야 백발백중 영업직원 자신은 문제가 없고 우리 가격이 비쌌다거나 경쟁업체가 개인적으로 고객과 밀접한 관계가 있어 수주를 못했다는 등의 매우 그럴듯한 이유만 들을 것이다. 아무 소용없는 질문이며 직원을 소극적이고 방어적인 태도로 몰아가는 질문이다. 실제 이유는 본인이 경쟁업체의 동향을 전혀 파악하지 못했거나, 혹은 너무 순진해서 고객이 하는 말을 그대로 믿었거나 하여튼 여러 가지 숨은 이유가 있을 것이다. 중요한 것은 그 이유를 알아봐야 이젠 별로 도움이 안 된다는 것이다.

원 포인트 레슨 ▸▸▸ 리더는 세 번의 왜(why)를 사용하면 최단시간에 현상의 근본을 파악할 수 있다. 단, 꼭 필요할 때만 이 기술을 구사하자.

5
이메일로 통하라

영업을 하는 사람은 늘 고독한 존재이다.

오늘도 먹이를 찾아 산기슭을 어슬렁거리는 하이에나와 같다. 내가 현장에서 뼈 빠지게 열심히 뛰고 있는 것을 그 누가 알아줄까. 나의 보스가 이 아픔과 고독을 같이 체험해 줄 수 있을까. 불행히도 그렇지 않다. 당신의 보스는 오로지 당신이 사냥해 온 먹이만을 기다리고 있을 뿐이다. 당신의 손에 발주서가 쥐여 있지 않으면 보스는 당신을 사우나에서 시간이나 허비하다 온 사람으로 취급할 것이다.

너무 억울하지 않은가.

당신의 보스의 근무지가 다른 도시나 외국에 있다면 이건 더 심한 경우가 된다.

오늘의 업무를 마치기 전에 방문 보고서를 작성하지 않는다면 보스가 마치 창 없는 방에서 당신을 바라보는 것과 같다. 아무것도 보이지 않을 것이다. 어떻게 나의 보스에게 내가 열심히 일하고 있다는 것을 제대로 나타낼 수 있을까?

(1) 이메일을 부지런히 작성하도록 하라

양적인 측면에서 가급적 많이 작성하라는 것이다.

외국인 보스라 하더라도 영어는 조금 부족해도 용서가 된다. 어느 일정기간은, 왜냐하면 어차피 모국어(mother language)가 아니라는 것을 알기 때문이다. 하지만 이메일로 보고서를 작성조차 하지 않는다면 다른 차원의 문제가 된다.

영업 현장에서 일어난 사건들을 부지런히 이메일로 보고하도록 하라. 많으면 많을수록 좋다. 영문 이메일을 계속 작성하다 보면 영어 실력도 자연히 늘어나게 된다. 일거양득이다.

(2) 관련된 사람들에게 참조(CC)를 넣어라

개인의 특성에 따라 다르겠으나 직속리더에게도 참조(cc)를 넣지 않고 다른 사람에게 메일을 보내는 경우가 있다. 나와 일하는 직원 중에서도 있다. 이런 사람은 바로 크레믈린이다. 블랙홀이다. 일이 어떻게 진행되는지 보스 입장에서는 전혀 파악을 할 수 없다. 사고가 터지기 전까진 알 수 없다.

더 이상한 것은 이런 성향이 있는 직원들에게 지적해 주고 누구 누구는 반드시 참조(cc)를 넣으라고 명확히 지시를 해도 참조(cc)를 넣지 않은 경우가 많다는 것이다. 본질적으로 자신의 업무를 숨기고 싶은 심리적인 이유가 있다고 생각한다. 이런 습관이나 사고방식은 하루빨리 고쳐야 한다. 요즘은 정보를 공유하면 공유할수록 그 가치가 커진다고 하지 않는가?

리더의 입장에서도 이런 직원과는 같이 일하기가 얼마나 힘든지 모른다.

가능하면 많은 관련자들에게 참조(cc)를 넣어 주어라. 보스에게는 무조건 cc를 넣어야 한다. 불행히도 사람이란 부정적인 면을 보는데 익숙해져 있어 메일이 cc로 들어오지 않으면 당신의 리더는 당신이 일없이 놀고 있는 것으로 간주하게 된다.

(3) 비밀참조(Blind Carbon Copy, bcc)를 사용하지 마라

비밀참조(bcc)란 blind carbon copy를 말하는 것으로 메일을 받는 사람에게는 비밀참조(bcc)로 누구에게 전달되었는지 알 수 없도록 하고 싶을 때 사용하는 기능이다. 대개 그런 경우 그 내용은 특정 개인에 대한 업무 성과를 비판하거나, 메일을 받는 사람에게는 뭔가 좋지 않은 내용이므로 메일을 받는 사람에게는 비밀로 하고, 다른 사람에게 보내는 경우이다.

지난 삼십 년 동안 외국인 회사에 근무하면서 이 기능을 개인적으로 사용해본 적이 없다.

비밀참조(bcc)로 메일을 받는 경우는 가끔 있다. 과거 아시아 사장님이 이 기능을 매우 즐겨 사용했으며 지금도 일부 직원들이 이 기능을 사용하여 메일을 보내는 경우가 가끔 있다. 읽어 보면 별 내용도 아닌데 비밀참조(bcc)로 메일이 도착한다. 비밀참조(bcc)로 메일을 받으면, 보낸 사람의 성향에 대해 의문을 가지게 된다. 이 사람이 이런 메일을 비밀참조(bcc)로 보냈으면 나에게 수신자(to)로 보낸 다른 메일도, 비밀참조(bcc)로 해서 나 몰래 다른 사람에게 보냈을 것이 아닌가 하는 의구심이 생기게 된다. 결과적으로 보낸 사람에 대한 이미지가 나빠지게 된다.

그럼 수신인 모르게, 비밀참조(bcc) 기능을 사용하지 않고 제3자의 거부감 없이 그 메일을 보낼 방법은 없을까? 있다.

일단 수신자(to)에게 당신이 보내고 싶은 메일을 발송하라. 그 보낸 메일을 회송(forward)하여 다시 비밀참조(bcc)로 보내고 싶은 사람을 수신자(to)로 하여 한 번 더 메일을 발송하라. 이렇게 보내면 받는 사람도 전혀 거부감 없이 당신에 대한 신뢰를 잃지 않고 메일을 원래의 수신인이 모르게 보낼 수 있다.

원 포인트 레슨 ▸▸▸ 당신의 보스는 창문을 통해서만 당신을 관찰할 수 있다. 이메일이 바로 그 창문이다.

6
영어를 좀 못해도 최고의 비즈니스 이메일을 만들 수 있는 3가지 요령

먼저 영어나 국어나 작성하는 사람은 같은 사람이다. 우리말을 조리 있게 잘하는 사람, 작문실력이 높은 사람이 이메일도 잘 쓴다. 국어 잘 하는 사람이 영어를 잘 할 확률이 높다.

영어로 작성해야 하는 이메일에 대한 요령을 살펴보자.

첫 번째로 결론은 언제나 앞부분과 맨 뒤에 다시 한 번 강조(양괄식). 이 점이 중요하다

우리말과 영어의 가장 큰 차이가 어순이다. 우리말은 주어가 맨 앞에, 동사는 맨 끝에 오지만, 영어는 주어 다음 바로 동사가 배치된다. 외국 사람들과 미팅을 하면서 수없이 발견한 것은 우리 무의식 속에 담겨있는 어순 차이가 외국인과의 의사소통에서 많은 혼란을 일으킨다는 것이다.

우리말은 끝까지 들어봐야 한다는 말이 있다. 질문에 대한 핵심 요지는 맨 마지막에 배치된다. 외국인을 미치게 만드는 결정적인 요인이다. 영어는 결론이 맨 앞에 배치된다. 이러한 우리말과 영어의 어순 차이 때문에 외국인과의 의사소통에서 많은 부조화를 낳는다.

이 원칙은 이메일에만 적용되는 것이 아니라는 것을 쉽게 짐작할 것이다.

직원들과 비즈니스 회의를 하는 경우에도 마찬가지이다.

직원들이 어떤 상황을 설명하기 시작하면 몇 마디 들어 본 후 바로 태클이 들어간다. "자네가 나에게 말하려고 하는 부분 중 제일 마지막에 있는 것부터 끄집어내어 먼저 말해 주세요." 혹은 간단히 "결론부터 말하게." 그런 연후에야 전체 스토리의 그림이 그려진다. 우리 직원들은 이런 스타일에 이미 익숙해져 있으므로 보고할 때 처음 하는 말은 이것이다. "먼저 결론부터 말씀 드릴게요."

이메일 작성 할 때나 업무 보고를 할 때 결론부터 먼저 말하라. 그 결론을 지지하기 위한 증거와 논리를 설명하라. 맨 마지막에 한 번 더 내용을 요약하고 결론을 지어라. 즉 양괄식으로 문장을 작성해야 한다.

이메일을 작성할 때 나는 이렇게 한다.

일단 머릿속에 떠오르는 내용을 아무 생각 없이 그대로 영어로 바꿔 가면서 작문을 한다. 이렇게 적으면 무조건 우리말식 영어가 되어 결론은 뒤에 오기 마련이다. 자동이다.

모두 작성한 후 맨 마지막에 있는 결론 부분의 문장을 복사를 하여(오려두기가 아니다 복사이다) 문장 맨 앞으로 옮긴다. 그런 후 동일한 문장을 중복 사용하지 않기 위해 뜻이 비슷한 유사 단어를 이용하며 한 두 단어를 바꾼다. 이렇게 한 후 메일을 죽 읽어 보라. 영어의 어순에 따라 정리가 되면서 멋진 양괄식 문장의 이메일로 변신해 있을 것이다.

두 번째로 본인의 영어와 국어 구사능력의 차이점을 이해하는 것이다

독자 여러분들은 대체로 고등학교 이상은 졸업하신 분들일 것이다. 우리가 구사하는 언어의 수준이나, 읽는 책의 내용은 고등학교 이상의 수준을 가지고 있는 것이다. 그런데 우리들의 영어는 유학파를 제외하면 초등학교 수준이다. 사실 초등학교 6학년 수준의 영어만 제대로 해도 엄청 유창한 영어를 구사할 것이며 어느 정도 수준 높은 영어를 작문할 수 있을 것이다. 그러니 솔직히 말해서 우리 가운데는 초등학교 저학년 수준들도 많은 것이다. 이 차이점을 이해해야 한다.

우리가 말하고 싶고 전달하고 싶은 내용은 우리말로 머리에 먼저 떠오르면서 고등학교 이상의 수준의 단어로 나타나는데, 막상 영어는 초등학교 수준이니 여기서 나타나는 불일치성 때문에 영어작문이 어려운 것이다.

이메일을 잘 쓰기 위해서 한 가지 과정을 더 거쳐야 한다. 우리의 머릿속에 떠오른 내용을 우리말로 초등학교 수준으로 문장을 재 작성해주는 과정이다. 이 과정을 거친 후에 이 문장을 영어로 바꾸어 주면 쉽게 영어로 이메일을 작성할 수 있다.

예를 들어 보자.

지난번 독일 출장 다녀 온 후에 나에게 식사도 대접해주고 조그만 선물도 해주었던 분에게 감사의 마음을 표시하는 이메일을 작성한다고 해보자.

먼저 내 머리 속에는 이렇게 글이 떠오를 것이다.

"안녕하세요, 지난번에 독일에서 저에게 너무나 잘해 주셔서 많은 감동을 받았습니다. 예상치 못한 환대에 저는 몸 둘 바를 모르겠네요. 주신 선물은 너무나 귀엽고 깜찍해서 저 책상 위에 올려 놓고 감사의 마음을 매일 새기겠습니다. 독일에서의 일정을 영원히 잊지 못할 것입니다. 다음에 한국에 오시면 저에게도 꼭 기회를 한번 주시길 바랍니다. 다시 한번 너무나 감사를 드리며 안녕히 계세요."

이런 식의 아름다운 마음의 표현을 영어로 바꾸기는 쉽지 않다. 그러지 말고 이를 쉬운 우리말로 바꾸어 보자. 우리가 초등학생이라고 가정하고 말이다.

"안녕하세요. 독일에서 매우 좋았습니다. 선물도 감사하고요. 선물이 예뻐요. 지금은 내 책상 위에 있습니다. 매일 볼게요. 담에 한국에 오세요. 저가 잘해드릴게요. 다시 한번 감사합니다."

유치찬란하며 애기스러운 표현으로 바꾼 후에 이 문장을 영어로 바꾸는 것이다. 훨씬 쉬워지지 않는가.

이처럼 고급 수준의 한글을 초딩수준의 한글로 바꾸는 요령은 문장을 접속사를 써서 복문을 만들지 말고 단문화 시키는 것이다. 영어로 하면 2형식(I am a boy) 3형식 문장(I love you)으로 분할하면 된다. 어려운 단어, 복잡한 표현은 피하라. 우리는 영어로는 초딩수준이니까 그 걸 염두에 두고 바꿔주는 것이다.

마지막으로 철자 확인(spelling check)기능을 사용하여 반드시 영어 철자가 맞는지 확인한 후 보내기(send)를 눌러야 한다

철자가 틀린 단어가 담긴 이메일을 보스로부터 받는다면, 보스가 엄청 바쁘신 모양이라고 생각하지만, 반대로 리더가 부하직원으로부터 철자가 틀린 단어가 담긴 이메일을 받으면 무척 무성의하고 신뢰할 수 없는 친구로 간주한다.

원 포인트 레슨 ▸▸▸ 한편의 멋진 이메일, 당신의 인생을 바꾼다.
우리 수준에 맞게 쓰자. 어렵지 않다.

7
영문 이메일에 꼭 필요한 9가지 원칙

미국의 인터넷 사이트 플레인 랭귀지(www.plainlanguage.com)에는 비즈니스 이메일 작성을 위해 몇 가지 원칙들이 소개되어 있다.

그 원칙을 바탕으로 간단히 내 경험을 보충하여 설명을 하면,

(1) 주어와 술어를 바짝 붙여 의미가 분명한 문장을 만든다

주어와 서술어 사이에 수식어들이 잔뜩 들어가서 주어와 동사 사이가 멀어지면 멀어질수록 그 의미를 파악하기가 어려워진다. 잘못된 의미가 전달될 수도 있다.

(2) 짧은 문장과 문단을 쓴다

문장은 짧으면 짧을수록 좋은데 단문을 여러 개 사용하는 것이 복문이나 중문을 사용하는 것 보다 훨씬 낫다. 우리말도 동일하다. 한 문장에 복수의 주제가 들어가면 무엇을 말하려는 지가 애매해진다. 비즈니스 메일에서 애매모호함은 금물이다. 오해의 시발점이

되므로 피해야 한다.

(3) 등위 접속사를 가능하면 사용하지 않는다

and, but, therefore, so와 같은 말로 문장을 시작하지 마라. 군더더기이다. 접속사가 없으면 문장이 엉성할 것 같아서 문장 앞에 '그래서, 그런데, 그리고, 그러나'를 줄줄이 붙여서 시작하는 것을 많이 보게 된다. 과감히 제거하라. 문장이 살아난다. 특히 but이란 단어는 너무 강한 톤이다. 굳이 '그러나' 라는 말을 사용해야 한다면 however를 사용하라.

(4) 능동태를 쓴다
주어를 강조할 경우나 꼭 필요한 경우에만 수동태를 쓴다

의외로 문장을 사용하다 보면 수동태를 많이 사용하는 것을 발견한다. 가능한 능동태로 쓰는 것이 능동적으로 보인다.

(5) 부정적인 의미가 들어간 단어는 될 수 있는 대로 피한다

부정의 부정은 긍정이라는 말을 믿고 부정적인 의미를 두 번씩이나 사용하는 경우가 생긴다. 그렇지 않다. 부정적인 단어를 사용하려고 하지 말고 바로 긍정적인 의미를 지닌 단어를 사용한다.

(6) 단순하고 친숙한 일상어를 사용한다

우리가 잘 아는 단어를 이용해서 문장을 만들면 된다. 호주사람들이 평소에 잘 사용하지 않는 단어를 많이 사용하는 것을 보았다. 미국의 빅보스가 보낸 이메일을 읽을 때 한두 단어만 사전을 찾아보면 독해가 되는데 호주의 직원이 보낸 이메일을 읽을 때는 문장마다 모르는 단어가 나와서 사전을 찾아가면서 독해를 해야 한다. 별로 좋지 않다. 일상적인 단어를 사용하라. 읽는 이의 취향에 맞는 톤을 유지하고 지나치게 엄격한 형식은 피한다.

(7) 농담을 섞어가면서 이메일을 쓰는 것은 매우 위험하다

문장만으론 농담인지 아닌지 구분이 되질 않는다. 진담처럼 보인다. 농담일 때는 조크(joke)라고 문장 끝에 반드시 표기해 주어야 한다.

(8) 약어를 사용할 때는 유의하라

원래 단어가 무엇인지 표기한 후에 그 다음 문장부터 약자를 사용하라. 그렇지 않으면 받는 사람은 무슨 말인지 모르는 일이 생긴다. 누구나 알고 있는 약어라고 생각하고 무심코 쓰기 쉬운데 상대방은 전혀 모를 수 있다.

(9) 난해한 단어에는 설명을 붙인다

이메일을 읽는 사람 위주로 작성해야 한다. 그래야 읽는 사람이 편하다.

원 포인트 레슨 ▸▸▸ 받는 사람을 감안하여 메일을 작성하는 것이다.

8

비즈니스 이메일(email) 5가지 주의사항

요즘처럼 이메일 사용이 일상화 되어 있는 상황에서 자칫하면 실수할 수 있는 경우들이 많이 있다.

(1) 메시지에 대한 사생활 보호가 보장되지 않는다

이메일(email) 메시지는 삭제된 이후에라도 복원될 수 있으며 보안을 위한 암호를 사용하더라도 비밀은 보장되지 않는다. 내가 보낸 메일이 누구에게 전달 회송(forwarding)될 지는 아무도 모른다. 받은 사람 마음이다.

(2) 다음과 같은 내용이 이메일에 포함되지 않아야 한다

❶ 사내 비밀정보의 누설

❷ 성희롱, 협박 또는 인종, 피부색, 종교, 직업, 개인의 신념, 또는 성 등과 관련된 차별을 일으키는 법률 위반성 내용

❸ 현행 법률의 위반 행위나 반사회적인 행위

(3) 다음 사항은 잠재적인 문제를 방지하는데 유용한 내용이다

❶ 개인의 외모나 신념에 대한 부정적인 표현을 하지 않는다.

❷ 자사나 대리점, 고객, 미래의 고객 또는 경쟁업체에 대한 부정적인 표현을 하지 않는다.

❸ 가급적 이메일에서는 농담을 사용하지 않는다.

❹ 이메일 메시지를 전혀 엉뚱한 사람이 읽을 수도 있으며 이메일이 실수로 잘못된 수신인에게 배달될 수 있다는 사실을 명심한다. 받는 사람이 여러 명인 경우 일일이 이름을 확인해야 한다.

❺ 감정이 담긴 메시지는 보내지 않는 게 좋다. 상대방에게 맘에 안 드는 것이 있으면 전화로 하라. 단 의도적으로 업무를 지적한 사항을 근거로 남겨놓기 위한 목적이라면 메일로 해도 무방하다. 근거가 남는다는 것이 이메일의 장점이다.

(4) 대부분의 회사들은 이와 같은 사항들을 어긴 종업원은 해고까지도 포함되는 징계조치를 한다는 사실을 숙지하여야 한다

(5) 직원들에게도 이런 사실을 수시로 교육하여야 한다.

원 포인트 레슨 ▸▸▸ 직원들의 이메일 내용이 외부로 유출되어 회사의 평판에 큰 손상을 입힐 수도 있다. 지속적인 교육이 필수적이다.

9
회송(forwarding)할 때 첨부문서 주의

개인적으로 친하게 지내는 일본의 간부와 아침에 통화를 하다가 간밤에 동경에 비가 많이 왔었고 신주쿠의 고층빌딩에 있는 일본 지사의 창문으로 후지산이 아름답게 보인다는 말을 들었다. 동경도 대기 오염 때문에 평소엔 후지산을 육안으로 보기가 쉽지 않다. 후지산이 선명하게 보인다고 하니 반가워 사진을 바로 찍어 보내줄 수 있느냐고 하니 일본인 직원은 휴대폰으로 사진을 찍은 후 바로 이메일로 보내주었다.

첨부 파일을 열어보니 산 정상 부분이 눈으로 언제나 덮여있는 달력에서나 보던 후지 산의 정경이 눈부시게 아름다워, 부서 직원들에게 그 메일을 그대로 회송(forwarding) 시켜주었다. 같이 감상하면 좋겠다는 말을 덧붙여.

직원들에게 메일을 보내고 난 후 다른 업무에 몰두해 있다가, 우연히 그가 보낸 메일을 다시 열게 되었는데 사진 파일이 첨부되어 있는 그 옆에 쌍둥이 산(twin mountain)도 같이 감상하라는 멘트와 함께 아래를 보라는 말이 짧게 쓰여 있었다. 일본에 쌍둥이 산이 있나? 고개를 갸우뚱거리며 화면을 밑으로 내려 보니, 아뿔싸, 활짝 드러난 여성의 왕 가슴이 요동치고 있는 사진이 애니메이션으로 처리되어 있는 것이 아닌가. 얼마나 놀랐는지. 왜냐면 이 메일은 부서 여직원에게도 같이 보내졌기 때문이다. 보는 순간 벌떡 일어나 여직원의 컴퓨터로 가서 그 메일을 바로 삭제시켰다.

받은 메일을 아무 생각 없이 회송(forwarding)하는 것이 얼마나 위험한지를 알려주는 사례이다.

이메일을 받은 후 그 내용을 수정 변경한 후 다른 사람에게 다시 보내는 경우들이 있는데, 본인이 부지중에 그 받은 내용에 첨부 문서가 있다는 것을 깜박하고 첨부된 서류와 함께 메일을 보내는 경우가 있다. 별로 중요지 않은 첨부 문서라면 그래도 용서가 되지만 해당 프로젝트의 원가 분석표를 견적서와 함께 고객에게 보내준다든가 하면 도대체 어떻게 대처하겠는가. 실제로 이런 일이 발생했었다.

메일을 계속 주고받다 보면 첨부 메일이 계속 달려서 주고받게 되고 이렇게 주렁주렁 고구마 줄기처럼 달린 메일을 아무 생각 없이 회송(forwarding)하다 보면 큰 실수를 할 수도 있다.

원 포인트 레슨 ▸▸▸ 사람은 언제나 뒤가 깨끗해야 한다.

10

원숭이도 나무에서 떨어진다

위키리크스에서 미국 정부의 외교 비밀 문서들이 공개되어 외교적인 분란이 난 적이 있었다. 각국 지도자들을 은밀하게 평가한 내용들이 대낮에 공개되는 바람에 미국정부의 입장이 난처해졌던 것이다. 내부에서만 알고 넘어가야 할 많은 은밀한 사항들이 만천하에 공개 되었으니 문제가 되는 것이다.

이메일 보낼 때 늘 조심하라고 직원들에게 강조를 하곤 했는데 나도 직접 사고를 친 적이 있다.

우리와 함께 파트너로 연합으로 입찰에 참가해야 할 업체와 사전 미팅을 가졌다. 같이 일하는데 문제가 없는지 탐색하는 자리였다. 서로 협력하면서 경쟁해야 하는 입장이라 미팅이 쉽지는 않았다.

미팅 후 회의에 참석하지 못한 다른 직원을 위해 직접 회의록을 간단히 작성하였다.

우리 직원이 나에게 보낸 관련 이메일을 그대로 단체회신으로 누르고 회의록 본문을 작성하였고, 보내기 전에 수신자 명단을 눈으로 간단히 훑어보긴 했으나 그 명단에 같이 협의하였던 업체의 해당 직원 이메일 주소가 들어가 있을 줄은 꿈에도 생각 못했다.

메일을 보내고 나니 우리 직원에게서 바로 전화가 왔다. 메일을 보니 상대방 회사의 직원도 수신인 명단에 들어가 있는데 실수로 한 것인지, 아니면 고도의 깊은 뜻이 있어서 인지를 물어 왔다. 아차차, 그 본문 내용에는 상대방 업체의 직원이 본다면 감정적으로 기분 나쁠 수 있는 우리들만의 내용이 포함되어 있었다. 마치 위키리크스를 통해 비밀 문서가 공개된 것과 비슷한 형국이었다.

다음날 상대방 업체에서 기분이 나쁘다는 메일이 왔고, 이에 대해 정중히 사과하는 메일을 보내고 마무리 하였다. 등에서 진땀이 난 것은 말할 것도 없다.

원숭이도 나무에서 떨어질 때가 있다더니 메일 보낼 때 조심조심하라고 강조하던 내가 어처구니없는 실수를 해버렸다.

여기서 배울 한 가지 교훈,

메일을 보낼 때 내부 수신자와 외부 수신자를 구분하여야 한다.

즉 내부 수신자에게 보낼 때는 내부수신자에게만 보내고 외부수신자에게 보낼 때는 외부수신자만 보내는 것이 안전하다.

고객으로부터 메일을 받았으면 답신은 나에게 메일을 보낸 분을 수신자로, 고객의 관련 직원을 참조인으로 넣고 답신을 한다. 우리 회사의 내부 관련자들에게도 이 메일을 보내야 할 필요가 당연 있다. 관련 정보를 공유해야 하기 때문이다. 수고스럽지만 한 번 더 메일을 보내는 절차를 거친다. 내가 고객에게 보낸 바로 그 메일을 다시 회송(forwarding)하여 이번엔 우리 내부의 관련자에게만 수신인 혹은 참조인으로 넣어서 보낸다. 이렇게 하면 내부수신자와 외부 수신자가 섞이는 일이 없다.

단점은 있다. 다시 고객이 이 메일을 받아 답신을 보내오는 경우 그 답신은 나에게만 오게 된다. 우리 회사 내부 관련자들에게는 그 메일이 발송되지 않으므로 업무의 처리가 늦어지는 결과를 가져올 수도 있다. 내가 정상적으로 메일에 접속하고 있다면 단지 한 템포 늦어질 뿐이고 업무에 크게 지장은 없지만 만약 외부 출장이라도 가서 메일을 실시간으로 접속할 수 없다고 하면 업무처리가 지연되는 일이 생길 수 있다.

장단점이 있다. 내, 외부 수신자를 섞어서 보내든, 구분하여 보내든 모든 이메일은 한번 나가 버리면 다시 주워 담을 수 없다.

원 포인트 레슨 ▸▸▸ 통신보안이다. 메일 보내기 버튼을 누르기 전에 언제나 한번 더 메일을 확인하는 습관을 갖자.

11
보스에게 신임을 받을 수 있는 2가지 비결

매우 요구사항이 많은(demanding) 보스들이 있다. 이들은 끊임없이 뭔가를 요구한다.

직원들에 대한 기대치가 높다. 업무 성과에 대한 눈이 높아 중간 정도의 성과로는 그들의 요구를 만족시킬 수 없다. 기대치에 못 미치는 직원들에게는 가차 없이 지적 사항이 내려온다.

이런 보스 밑에서는 당연히 견디지 못하는 직원들이 나온다. 참다 못한 어떤 매니저가 상담을 요청해 왔다. 어찌해야 이러한 보스와 잘 지낼 수 있느냐 라고.

두 가지를 얘기해 주었다

❶ 보스를 마음 속 깊이, 진심으로 신뢰하라.

❷ 보스에게 초점을 맞추지 말고 업무에 초점을 맞추라.

먼저 신뢰라는 주제는 더 이상 설명하지 않아도 얼마나 중요한

덕목인지 알고 있을 것이다.

신뢰하는 것처럼 보이기는 쉬울지 몰라도 진심으로 신뢰하기는 어렵다.

윗사람이니까 하는 수 없이 말 들어야지, 리더니까 인정해 주어야지 하는 생각만으로는 충분하지 않다. 신뢰하는 체 하는 단계에서 벗어나 진정 신뢰하는 단계로 가야 한다.

다음으로 업무, 즉 일에 집중하라고 한 말은 보스의 성향에 따라 조언한 것이었다. 업무 중심적(work oriented)인 상사에게 취미 활동이나 업무와 무관한 얘기를 자꾸 떠들게 되면 리더로부터 신뢰를 받기 힘들다. 이 친구는 업무에 큰 관심이 없는 모양이구나 하는 생각이 들게 만든다. 보스와 같은 취미를 공유하는 것도 중요하다. 공동의 관심사가 있으면 대화가 쉽게 열린다.

요점은 보스의 성향에 따라 나의 성향을 조정하라는 것이다. 관계중심적인 보스라면 업무에 대한 것은 당연히 집중해야 하지만 업무를 떠나서는 더 이상 보스와 업무에 관련한 이야기를 하기 보다는 보스가 좋아하는 취미와 같은 주제로 대화를 전환하는 것이 좋다.

어쩔 수 없이 사람은 자신과 닮은 사람을 좋아하게 된다. 우리가 자식을 좋아하는 이유도 나랑 닮았기 때문이다. 심리학적 용어로 걸맞추기 원리(matching principal)이라고 하는데 우리말로 쉽게 하면 유유상종이다. 인종, 종교, 문화, 정치, 출신지역, 사회 계층이나 교육수준, 연령까지도 자신과 유사한 사람을 더 선호한다는 것이다. 결혼 할 때도 자신과 유사한 점이 있어야 결혼할 확률이 높고 행복해질 가능성이 높다고 한다. 많은 경영학 책에서 자신과 유사한 스타일의 사람을 주위에 배치하는 것은 바람직하지 않다고 조언한다. 순혈주의는 서로 다른 타입의 결합에 의해 생성되는 강건함, 즉 잡종강세의 강점을 빼앗긴다고 충고한다. 근친결합이 갖는 위험성에 대해 경고하는 것이다.

그럼에도 비슷한 사람을 선호하는 이유는 조화이다. 서로 다른 타입이 같은 범주 안에서 움직일 때 약점이 서로 보완되는 효과도 얻을 수 있으나, 사사건건 의견 대립과 갈등으로 인해, 이질적이고 섞이지 못하는 어정쩡한 결합상태가 유지된다면 조직에 더욱 해가 된다.

세일즈 기법에서도 고객의 마음을 사기 위해 즉 호감을 얻거나 동감을 얻을 수 있는 기법 중의 하나가 흉내 내기이다.

고객과 영업회의를 하면서 고객이 다리를 왼쪽으로 꼬고 앉아 있으면 세일즈맨도 자연스럽게 다리를 같은 방향으로 꼬고 앉는다. 책상 위에 손을 둔다면 나도 자연스럽게 책상 위에 손을 올려주는 것이다. 이를 통해 무의식 중에 서로 동기화(synchronizing)되어 고객의 호감을 얻을 수 있다. 중요한 것은 흉내내기를 자연스럽게 해서 고객이 자신을 따라 한다는 것을 눈치 채지 못하도록 해야 한다.

업무중심적인 보스인지 관계중심적인 보스인지 파악되면 보스의 스타일로 자신의 스타일을 맞추어라.

원 포인트 레슨 ▸▸▸ 보스의 성향을 보고 일 중심이면 보다 더 일 중심으로, 관계중심의 리더십이면 보다 더 관계 중심으로 나의 스타일을 조정한다. 누구든 자기 닮은 자식을 좋아하게 되어 있다.

12

보스의 질문에 대한 답을 모를 때 대답하는 방법

처음 기술영업을 시작할 당시에 나를 지도하였던 프랑스 사부님은 질문이 많은 분이었다. 대체로 내가 답을 모르는 질문들이 쏟아져 나왔다. 계속 답을 생각하느라 끙끙대며 아무런 말도 못한 채, 우물쭈물하고, 얼굴이 벌게지면서 당황한 모습을 보였다. 답변을 기다리고 있는 사부님은, 모르면 모른다고 즉시 답변하라는 것이었다. 모르는 게 수치가 아니라는 것이었다. 이후엔 모르면 모르겠다고 즉시 답변하였다. 모르는 질문은 그 자리에서 생각한다고 해서 답이 나오는 것이 아니기 때문이다.

아시아 여러 나라들을 다니며 직원들과 회의를 하면서 새롭게 느끼는 점은 모른다는 말을 너무 자주 하는 것도 좋지 않다는 것이다. 왜냐하면 부정적인 표현이어서 그렇다. 가능하면 부정적인 내용이라 하더라도 부정적인 표현 대신에 적극적이며 긍정적인 표현을 사용하는 좋다.

예를 들어 "모르겠는데요(I don't know)." 라는 표현 대신에 "확인해 보고 알려드릴게요(I will check it out and let you know)." 라고 대답하는 것이 모른다는 사실은 동일하지만 훨씬 더 긍정적인 표현이다.

영업회의 중에 보스가 어떤 사항에 대해 질문을 할 때 만약 답을 모르는 경우라면 바로 "확인해 보고 알려드릴게요(I will check it out and let you know)." 라고 대답하면 그게 정답이다. 회의가 끝난 후 자료를 찾아보고 바로 답을 이메일로 보내주면 완벽하게 조치한 것이다.

다른 나라 직원들에게도 모르면 모른다고 대답하지 말고 "확인 후보고 드리겠습니다." 라고 대답을 하라고 수정해 주었다.

한 직원에게 내년에 어떤 특정 마켓에서 100만 불을 팔 수 있겠느냐고 물었다. 나도 안다. 그것이 무리한 요구라는 것을. 그 직원은 100만 불을 파는 것은 불가능하며 왜 불가능한지를 상세히 설명하였다. 들어보면 결국 그 모든 답변은 되지 않는 것에 대한 변명이며 온갖 부정적인 단어와 사고방식으로 가득 차있다.

나 같으면 이렇게 보스에게 설명하겠다.
"가능합니다. 그러기 위해서는 두 명의 베테랑 직원이 더 필요합니다."
또는 "100만 불, 팔 수 있습니다. 하지만 2년 뒤라면 가능합니다."

결국 현재의 조건으로는 불가능하다는 말을 하고 있는 것이다. 그럼에도 위와 같이 표현하면 매우 긍정적이고 적극적인 사고방식을 가지고 있다는 것을 보스도 느끼게 될 뿐 아니라 본인 스스로도 어떻게 해서든지 실현 가능하도록 노력하게 되는 긍정적인 효과를 가져 온다.

원 포인트 레슨 ▸▸▸ 할 수 없다고 생각하는 것은 하기 싫다고 다짐하는 것과 같다.
긍정적, 적극적, 진취적으로 생각하라. 유일한 성공의 길이다.

13

고객이나 보스와 의사소통 할 때 지켜야 할 3가지 원칙

우리는 독립군이 아니고 장사꾼이다.

비즈니스를 한다는 것은 다른 말로 쉽게 표현하면 장사한다는 말이다. 비즈니스맨은 장사꾼이라고 생각하면 편하다. 우리는 안중근 의사가 아니다. 자신의 주장이나 의견에 목매는 사람은 정치하는 사람이 할 일이고 장사꾼은 자기 의견이 없어야 정상이다. 영업 초년병 시절 창원에 있던 메이저 오일회사의 영업 선배님이 자기는 영업 나갈 때 봉암교(다리) 밑에 배알(?)을 묻어 놓고 고객을 만나러 나간다고 했다. 장사꾼의 목적은 자신의 의견이나 주장을 관철시키는데 있지 않고 물건을 팔아 이익을 남기는 데 있기 때문이다. 세일즈 하는 사람은 고객과 의사소통을 할 때 소신을 가질 필요가 없다. 고객이나 보스와 의사소통 할 때 지켜야 할 원칙 3가지이다.

(1) 수용하기

영업회의를 하면서 자신의 주장이나 방안 혹은 의견에 목숨 거는 사람들을 흔히 본다. "이 방법이 아니면 절대로 불가하다", 혹은 "이렇게 해야만 한다"는 식이다. 영업에 정답은 없다. 목표는 한가지로 명확하게 공감하지만 그것을 달성하는 방법이나 수단은 한 가지 유일한 정답일 필요도 없을뿐더러 실제로 그렇지 않다. 정답이 없다는 말은 여러 가지 다양한 해답이 있다는 뜻이다. 서울로 간다면 목적지는 하나이지만 서울 가는 길과 교통수단은 여러 가지가 있는 것과 같다.

리더와 방법적인 측면에서 언쟁을 벌이는 직원들이 있다. 목에 칼이 들어와도 리더의 의견은 틀렸고 내 의견이 맞는다고 주장하곤 한다. 그 직원의 의견이 맞을 수도 있다. 또 틀릴 수도 있다. 보스의 의견이 더 적합한 해답일 수도 있다. 두세 번 보스에게 자신의 의견을 피력하더라도 받아들여지지 않으면 보스의 의견을 수용하라. 보스의 의견이 명명백백하게 틀리더라도 수용한다면 나중에 보스가 자신의 실수를 깨닫고 당신에게 고마워할 것이다.

훗날 나의 의견이 더 타당하고 보스의 의견이 잘못된 것이 밝혀진다면 보스는 속으로 당신이 꽤 실력 있는 사람이라고 인정할 것이다.

(2) 경청하기

상대방이 본인의 의견에 반하는 주장을 말하면 듣는 사람의 마음속에는 이건 아니야 라는 생각이 들면서 반박하려는 마음, 즉 자아가 앞서게 된다. 이렇게 되면 상대방의 말을 듣기 보다는 어떻게 해야 내 의견을 효과적으로 주장해야 할까 하고 머릿속이 복잡해진다. 상대방의 얘기를 귀담아 듣지 않게 된다. 상대방이 보스라면 이건 곤란한 상황이 될 수 있다.

잘 경청하기 위한 기술은 이렇다.

상대방의 얘기를 무조건 듣는다. 들은 후에는 상대방이 했던 주장을 다시 한 번 반복해 준다. 나는 이렇게 이해했는데 내가 이해한 것이 맞는지 물어보라. 연후에 본인의 주장을 얘기하라. 이 기술을 쓰려고 마음먹고 있으면 저절로 상대방의 얘기를 경청하게 된다. 듣기 80%, 말하기 20%, 고객과의 미팅에서도 적용되는 황금률이다.

(3) '그러나(BUT)' 사용은 자제하기

상대방의 의견을 기껏 듣고는 처음에 하는 말이 '그러나'로 시작하면 상대방은 자신의 의견이 무시된 것으로 간주하기 때문에 이러한 단어는 사용하지 않는 것이 좋다. '그러나'로 시작하기 보다는 "훌륭한 의견입니다. 저의 의견을 말씀 드리겠습니다.", "잘 들었습니다. 저의 의견은 이렇습니다.", "일리가 있는 말씀입니다. 저는 이렇게 생각합니다." 라는 식으로 표현 하라. '그러나' 라는 단어는 아예 사용하지 마라. 이렇게 해야 쉽게 공감대를 형성할 수 있게 된다. 설령 고객의 의견에 반대되는 내용을 말할 때에도 '그러나'로 시작하지 말고 '그리고'로 시작해 보라. 사실상 문맥이 맞지 않지만 그래도 괜찮다. 우린 국어학자가 아니니까, 반대되는 의견을 이야기하지만 '그리고'라는 접속사로 시작을 하기 때문에 고객의 거부감이 줄어든다.

원 포인트 레슨 ▸▸▸ 나에게는 소신이지만 보스나 고객은 고집으로 생각한다.

14
보스를 마음대로 조정하는 5가지 비결

직장생활에서 가장 힘든 것 중의 하나가 리더와의 관계이고 또 동료와의 관계이다.

하루의 대부분을 직장에서 보내기 때문에 이론적으로는 더할 나위 없이 좋은 관계여야 하지만 현실적으로는 그 반대인 경우가 더 많다.

미국 직장인들 중 50% 이상은 성미가 까다로운 리더 때문에 회사를 그만둔다는 기사를 본적이 있다. 실제로 리더로부터 괴롭힘을 당하는 세 명 중 두 명이 다른 회사를 찾고 있다. 리더에게 자신의 걱정을 상담하려고 했던 사람은 다섯 명 중 한 명에 불과했고 거의 3분의 2 정도는 자신의 생각을 입 밖으로 꺼내놓지도 않고 회사를 그만둔다고 한다. 대부분은 업무배정의 불만, 과중한 근무시간, 낮은 임금이 이직사유 중 높은 순위를 차지할 것으로 믿지만 실제로 이런 것들은 순위가 낮다.

우리나라도 조사해보면 이보다 더 심하면 심했지 덜하지는 않을 것이다.

내가 이런 상황에 봉착하게 되면 어떻게 해야 하나.

첫째는 참아야 한다

흔히 리더와 직원과의 관계를 솔직하게 공유하기 위한 시도를 해보라는 조언을 많이 듣는다. 그 대상이 되는 리더에게 직접 찾아가서 자신이 느끼고 있는 감정을 펼쳐 놓고 도움을 구하라는 것이다. 하지만 그 결과는 기대 이하일 것이다. 이게 통할 정도면 이런 상황에까지 이르지 않았을 테니까. 시도할 필요조차 없는 조언이다. 이런 조언은 무시하라. 그러면 어떡해야 하는가? 참아라. 참아야 한다.

짧지 않은 직장 생활을 하면서 위와 같은 리더를 직접, 여러 차례 체험하였고 또 다른 나라의 자회사 직원들도 이와 유사한 상황에서 엄청난 아픔을 겪는 것을 안타까운 마음으로 지켜보았다.

직장 생활에서 소위 나의 보스들은 좋은 사람이라기보다는 까다로운 사람이 훨씬 더 많았다. 처음 입사하였을 때 첫 일본인 보스는 성미가 불같기로 유명하였다.

그 다음 나의 사부였던 프랑스 인은 글자 그대로 우리 회사에서 전 세계적으로 가장 성미가 까다로운 사람이었다. 너무나 완고한 생각을 지녀 전혀 부하 직원의 말을 들으려 하지 않던 한국인 사장님도 있었다. 많은 직원들이 견디다 못해 회사를 떠났다. 나중에 이 한국인 사장님은 본사로부터 해고를 당했다.

참아라. 소설 대망에 나오는 도쿠가와 이에야스 같이 참아라.

둘째는 능력만 있다면 전직하는 것이다

충분히 가능한 일이며 해결 방안 중의 하나이다. 리더가 내 말을 신뢰하지 않고 계속 부정적으로 본다면 전직하는 것도 한 가지 방법이다. 사실 더 이상 회사에 있어봐야 이 보스가 그만 둘 때 까지는 소망이 없다. 적극 추천한다. 인생을 걸 만한 회사가 아니라면, 굳이 이에야스처럼 참을 필요가 없다. 옮길 수만 있다면 옮겨라. 적극적으로 구직활동을 하라. 헤드헌팅 회사 한 두 개는 이력서를 등록시켜 놓고 계속 연락을 해야 한다. 본인 스스로 매년 1번 정도는 이력서를 새로 써야 한다. 이력서에 뭔가 추가할 사항, 즉 스펙을 평소에도 만들어 나가는 것도 중요하다. 회사를 옮기지 않더라도 이건 필요하다.

회사는 감옥이 아니다.

셋째 혹시 보스에게 문제가 있는 것이 아니라 내가 문제의 원인자일 수 있다

만약 갈등과 문제의 원인이 리더에게 있는 것이 아니라 본인에게 있는 것이라면 전직을 하더라도 또 유사한 상황에 봉착하게 될 것이다. 전직도 좋은 방안이긴 하나 신중하게 생각하라. 혹시 문제가 나에게 있는 것이 아닌지. 사실 많은 사람들이 리더에 대한 불만을 논하지만 정작 문제는 본인에게 있는 경우도 허다하다. 본인에게 문제가 있다는 것을 깨닫기가 사실 힘들다. 내가 내 모습을 볼 수가 없다. 특히 나의 뒷모습을 보기가 매우 어렵다. 주위에서 선배나 동료가 말해 주어도 본능적으로 이를 받아들이지 않는다. 스티브

잡스가 말한 현실의 내 모습에 만족하지 않고 계속 추구해야 하며 무모하리만큼 도전정신을 가지라는 의미인 Stay Hungry, Stay Foolish란 말을 좌우명으로 삼기를 바란다.

넷째는 보스도 사람이다.
까다로운 고객 중 하나라고 생각하고 관리에 들어가 보라

내가 관리하고 있는 가장 중요한 고객을 떠올려 보라. 평소에 그 고객을 대하는 것과 나의 보스를 어떻게 대하는지 비교해보라. 고객의 환심을 사기 위해서 최선을 다하고 있는가, 보스에게도 동일하게 하라. 혹 어떤 이들은 보스의 환심을 사기 위해 행동을 하는 것을 수치스럽게 생각하기도 한다. 우리는 독립군이 아니다. 고객을 잘 이끌어가는 당신이 보스를 이끌어 가지 못할 이유는 없다. 마음먹기에 달렸다.

다섯째는 보스의 보스에게 가서 호소하는 우를 범하지 마라

직속 상사가 나를 인정해주지 않으니까 직속 상사의 잘못된 점을 모아서 보스의 보스에게 가서 직속 상사를 벌하거나 바로 잡을 수 있도록 시도하는 것이다. 이렇게 하면 잘못된 상사로부터 해방될 수 있지 않을까 하고 생각하는 것이다.

제일 좋은 생각 같지만 가장 위험한 생각이다. 회사에서 제도적으로 불만사항을 접수하는 창구가 있다 하더라도 그렇게 해서는 안 된다. 좀 더 극단적으로 표현하면 자살 행위와 유사하다. 회사에서 해고될 각오를 했다면 이렇게 해도 괜찮다.

보스의 보스에게 가면 그는 누구 편을 들까. 제대로 된 사람이라면 직속 상사가 잘못되었다고 믿을까 아니면 그 부하 직원이 잘못된 것이라고 생각할까? 그 부하 직원의 사기를 꺾지 않기 위해 그 자리에서는 어떤 달콤한 말로 격려해 줄지 몰라도 그 면담이 끝나면 바로 그 직속상사를 불러 자네 부서의 누가 와서 이런 얘기를 하고 갔는데 알아서 처리하라고 할 것이다. 직속 상사에게 직접 얘기 하는 것보다 100배는 더 나쁜 영향을 직속 상사에게 줄 것이다. 직속 상사는 그 해당직원을 할 수만 있으면 당장 해고하려 들 것이다. 실제로 그런 사례가 있었다. 미국 본사에서 그야말로 별들의 전쟁이 있었다. 자신의 직속상사인 그룹 사장과 트러블이 있던 한 수석 부사장이 회장에게 직보를 했다가 하루만에 날아가 버린 사건이 있었다. 이 방법을 사용할 수 있는 유일한 길은 당신이 보스의 보스와 개인적으로 매우 친밀한 경우이다. 그렇지 않다면 아예 꿈도 꾸지 말아라.

마지막으로 다시 한 번 당부한다.

이도 저도 아니고 계속 불평만 하는 직원이 되지 마라.

회사를 그만두고 싶어도 여의치 않고 그렇다고 리더와 잘 지내기는 어렵고 그래서 계속 회사에는 붙어 있으면서 뒤에서 리더를 흉보고 욕하는 것으로 카타르시스를 삼는 직원들도 있다.

더 위험천만한 생각이다. 리더를 뒤에서 흉보고 욕할 시간이 있으면 그 시간을 이용하여 어떻게 하면 회사 일을 더 열심히 하여 리더를 만족시킬 수 있을까 연구하는 것이 나을 것이다. 일시적으로 정신적인 위로가 될 수 있을지는 모르나 본인의 가치를 높이는 것과는 거리가 멀다. 프란치스코 교황님도 뒷담화를 하는 건 테러리스트와 같다고 했다. 주위에서 뒷담화를 하면 본인의 혀를 깨물라고 조언하였다. 아마 이런 부류가 제일 많을 것이다. 혹 주위에 이런 사람들이 있다면 자리를 함께 하지 않는 것이 좋다. 인생에 전혀 도움이 안 되는 사람들이다.

원 포인트 레슨 ▸▸▸ 선택은 여러분이 할 일이다. 인생은 외로운 길이다.

저자소개

공학박사 **김석찬**

- 중앙대 기계공학과(BEng)
- 연세대 경영대학원 경영학과 석사(MBA)
- 안양대학교 대학원 환경공학과 박사(Ph.D.)
- 경영지도사(마케팅), 협상전문가
- 한국B2B영업기술원 대표컨설턴트
- (현) ㈜하이닥코리아 고문
- (전) 한국폴주식회사 부사장
- (전) Pall Corp. 발전그룹 아시아태평양 담당 부사장
- (전) Pall Corp. 에너지 EPC그룹 아시아태평양 담당 부사장

저서

영업기술의 비밀 (도서출판 청어)
이삭의 우물 (도서출판 경향문화사)
유압필터와 어큐뮤레이터 기술, 편저 (도서출판 학산미디어)

Email hisfun@naver.com
블로그 http://blog.naver.com/hisfun/
카페 http://cafe.naver.com/b2bsalesskill

영업기술과 세일즈 리더십

발행일 | 2016년 11월 1일
저 자 | 김석찬
발행인 | 문정임
발행처 | 학산미디어
기 획 | 이덕선
표 지 | 박채린
편 집 | 박채린
주 소 | 서울특별시 노원구 동일로245가길 41
전 화 | 02-935-0670 / 010-3223-7340
팩 스 | 02-932-0670
이메일 | sorgento2000@hanmail.net
등록번호 | 제25100-2011-000001호
ISBN 979-11-85294-13-1 03320
정 가 | 18,000원

이 도서의 국립중앙도서관 출판예정도서목록(CIP)은 서지정보유통지원시스템 홈페이지(http://seoji.nl.go.kr)와 국가자료공동목록시스템(http://www.nl.go.kr/kolisnet)에서 이용하실 수 있습니다.(CIP제어번호: CIP2016024320)